Stormie Omartian

365 Gebete, die stark machen

Aus dem Amerikanischen
von Andrea Will

SCM

R. Brockhaus

SCM

Stiftung Christliche Medien

Der SCM Verlag ist eine Gesellschaft der Stiftung Christliche Medien, einer gemeinnützigen Stiftung, die sich für die Förderung und Verbreitung christlicher Bücher, Zeitschriften, Filme und Musik einsetzt.

7. Gesamtauflage 2017

Umschlaggestaltung: Yellow Tree – Agentur für Design und Kommunikation, www.yellowtree.de
Satz: Satz & Medien Wieser, Stolberg
Druck und Bindung: Dimograf
Gedruckt in Polen
ISBN 978-3-417-26440-1
Bestell-Nr. 226.440

Inhalt

Vorwort

Unser Leben ist viel mehr wert, wenn das Gebet ein wesentlicher Bestandteil des Lebens ist. Es hilft schon, wenn wir nur für einige kurze Momente zu verschiedenen Zeiten unseres stressigen Alltags innehalten, um neu aufzutanken und mit unserem himmlischen Vater zu sprechen. Genauso hilfreich ist es, wenn wir uns mit seiner Heiligen Schrift beschäftigen. Ich hoffe, dass Ihnen dieses Buch mit Gebeten hierfür eine Hilfe sein kann.

Viele der folgenden 365 Gebete stammen aus meinen Büchern über das Gebet, einige habe ich aber auch nur für dieses Buch verfasst. Sie sind so ausgewählt, dass Sie mit den verschiedenen Gebeten unterschiedliche Bereiche Ihres Lebens abdecken, an die Sie manchmal vielleicht nicht denken, wenn Sie beten. Es ist mein Wunsch, dass diese kurzen Gebete Sie dazu ermutigen, noch intensiver zu beten und mehr Zeit mit dem Herrn zu verbringen, der Sie so sehr liebt, dass er unbedingt Anteil an dem haben möchte, was Ihnen auf dem Herzen liegt, und der Großes in Ihrem Leben bewirken möchte.

Stormie Omartian

Teil I

Mein Gebet macht mich stark

1

Zieh mich näher zu dir, Herr!

Herr, ich nähere mich dir heute und bin dankbar dafür, dass du mir entgegenkommen wirst, wie du es in deinem Wort zusagst (Jakobus 4,8). Ich sehne mich nach deiner Nähe und danach, in eine tiefere, innigere Beziehung zu dir einzutreten. Ich will dich in jeder Weise kennenlernen, in der ich dich kennenlernen kann. Lehre mich, was ich lernen muss, um dich besser zu verstehen. Ich will kein Mensch sein, der immer Neues lernen will und doch nie die Wahrheit kennenlernt (2. Timotheus 3,7). Ich will die Wahrheit darüber wissen, wer du bist, weil ich weiß, dass du allen nah bist, die dich »aufrichtig anrufen« (Psalm 145,18).

Und ich werde den Vater bitten, und er wird euch einen anderen Ratgeber geben, der euch nie verlassen wird. Es ist der Heilige Geist, der in alle Wahrheit führt. Die Welt kann ihn nicht empfangen, denn sie sucht ihn nicht und erkennt ihn nicht. Ihr aber kennt ihn, weil er bei euch bleibt und später in euch sein wird.

JOHANNES 14,16-17

2

Zieh mich näher zu dir, Herr!

Herr, ich danke dir für die Pastoren und geistlichen Leiter, die du in mein Leben gestellt hast. Hilf mir, ihre Kenntnisse und ihr Wissen über dich zu nutzen, um dich besser kennenzulernen. Bitte segne sie und hilf ihnen, immer mehr die Frauen und Männer Gottes zu werden, wie du es dir für sie gedacht hast.

Und ich werde euch Führer geben, die so leben, wie es mir gefällt. Sie werden euch mit Einsicht und Verständnis leiten.

Jeremia 3,15

3

Zieh mich näher zu dir, Herr!

Herr, hilf mir, jeden Tag Zeit dafür zu reservieren, um dir allein zu begegnen. Lehre mich, so zu beten, wie es dir gefällt. Hilf mir, mehr über dich zu lernen. Herr, du hast gesagt: »Wenn jemand Durst hat, soll er zu mir kommen und trinken!« (Johannes 7,37). Ich bin durstig nach mehr von dir, denn ohne dich vertrockne ich. Ich komme heute zu dir und trinke in tiefen Zügen von deinem Heiligen Geist. Ich weiß, dass du überall gegenwärtig bist, aber ich weiß auch, dass ich deine Nähe noch tiefer spüren kann. Ziehe mich hin zu dir, sodass ich in deiner Gegenwart lebe wie nie zuvor.

Kommt zu Gott, und Gott wird euch entgegenkommen.

Jakobus 4,8

4

Reinige mich und erneuere mein Herz, Herr!

Herr, ich komme zu dir und bitte dich, räume in meinem Herzen auf und hilf mir, aufrichtig zu sein. Vergib mir alle Gedanken, Worte und Handlungen, die dich nicht geehrt haben oder in direktem Widerspruch zu deinen Geboten stehen. Insbesondere bekenne ich dir (nennen Sie nun alle Gedanken, Worte oder Handlungen, von denen Sie wissen, dass sie Gott nicht gefallen). Ich möchte mich von ganzem Herzen von ihnen abwenden und stattdessen tun, was dir gefällt. Ich berufe mich auf dein Wort: »Er gerät nicht schnell in Wut und ist voller Liebe. Es tut ihm leid, wenn er jemanden bestraft« (Joel 2,13). Vergib mir, dass ich das immer so selbstverständlich hingenommen habe.

Doch wenn wir ihm unsere Sünden bekennen, ist er treu und gerecht, dass er uns vergibt und uns von allem Bösen reinigt.

1. Johannes 1,9

5

Reinige mich und erneuere mein Herz, Herr!

Herr, zeige mir jede Schuld in meinem Leben, damit ich sie dir bekennen kann und von ihr frei werde. Bewahre mein Herz und meinen Verstand. Vergib mir, wenn ich gegen dich gesündigt habe, und richte mich wieder auf. Zeige mir, ob ich meine Fehler gegenüber anderen bekennen soll, sodass wir wieder ein gutes Verhältnis zueinander haben.

Bekennt einander eure Schuld und betet füreinander, damit ihr geheilt werdet. Das Gebet eines gerechten Menschen hat große Macht und kann viel bewirken.

JAKOBUS 5,16

6

Reinige mich und erneuere mein Herz, Herr!

»Gott, sei mir gnädig um deiner Gnade willen und vergib mir meine Sünden nach deiner großen Barmherzigkeit. Gott erschaffe in mir ein reines Herz und gib mir einen neuen, aufrichtigen Geist. Verstoße mich nicht aus deiner Gegenwart und nimm deinen Heiligen Geist nicht von mir« (Psalm 51,3.12-13). »Zeige mir, wenn ich auf falschen Wegen gehe, und führe mich den Weg zum ewigen Leben« (Psalm 139,24). Zeige mir die Wahrheit über mich selbst, damit ich sie deutlich sehe. Mache mich rein und erneuere mich, damit herrliche Zeiten anbrechen und ich von dir gestärkt werde (Apostelgeschichte 3,19-20).

Doch endlich gestand ich dir meine Sünde und gab es auf, sie zu verbergen. Ich sagte: »Ich will dem Herrn meine Auflehnung bekennen.« Und du hast mir vergeben und meine Schuld weggenommen!

Psalm 32,5

7

Reinige mich und erneuere mein Herz, Herr!

Herr, »wasche mich rein von meiner Schuld und reinige mich von meiner Sünde« (Psalm 51,4). »Vergib mir diese verborgene Schuld« (Psalm 19,13). Herr, »du kennst die Geheimnisse unserer Herzen« (Psalm 44,22). Zeige mir jeden Bereich meines Lebens, in dem ich in Gedanken, Worten oder Handlungen sündige, ohne dass es mir bewusst ist. Prüfe meine Seele und lege meine Motive offen. Hilf mir, mich zu ändern, wo es nötig ist. Öffne mir die Augen, damit ich dir alle meine Sünden bekennen und mich von ihnen abwenden kann. Ich möchte meine Schuld bei dir abgeben und mein Herz von dir reinigen lassen, wie du es in deinem Wort angeordnet hast (Jakobus 4,8).

Wenn unser Gewissen rein ist, können wir mit Zuversicht und mutig vor Gott treten. Und wir werden von ihm bekommen, was immer wir erbitten, weil wir ihm gehorchen und tun, was ihm Freude macht.

1. Johannes 3,21-22

8

Hilf mir zu vergeben, Herr!

Herr, hilf mir, anderen bereitwillig zu vergeben. Wenn ich, ohne es zu wissen, Ärger, Bitterkeit, Groll oder Unversöhnlichkeit hege, mach mir das deutlich, damit ich sie dir als Sünde bekennen kann. Bitte hilf mir insbesondere, (hier können Sie die entsprechenden Namen einsetzen) vollkommen zu vergeben. Lass mich begreifen, wie rückhaltlos und umfassend du mir vergeben hast, damit ich meinen Mitmenschen meine Vergebung nicht verweigere. Ich weiß, dass meine Vergebung andere Menschen nicht rechtfertigt; aber wenn ich vergebe, macht mich das frei. Ich weiß auch, dass du allein die ganze Wahrheit kennst und dass du für Gerechtigkeit sorgen wirst.

Menschen mit Verstand zügeln ihren Zorn; sie erwerben Achtung, wenn sie über Unrecht hinwegsehen.

Sprüche 19,11

9

Hilf mir zu vergeben, Herr!

Herr, ich möchte nicht, dass irgendetwas zwischen dir und mir steht, und ich will nicht, dass meine Gebete behindert werden, weil ich innerlich an einer Sünde festhalte. Ich entscheide mich heute dafür, jedem Menschen zu vergeben, und zwar alles, was man mir angetan hat. Ich will unbelastet sein von dem tödlichen Gift der Unversöhnlichkeit. Wenn jemand mir gegenüber verbittert ist, bitte ich dich, das Herz dieses Menschen versöhnlich zu stimmen. Bitte zeige auch mir, was ich dazu beitragen kann, dieses Problem zwischen uns zu lösen. Ich weiß, dass ich für andere kein Licht sein kann, solange ich mich im Dunkel der Unversöhnlichkeit bewege. Ich will im Licht leben, so wie du im Licht bist; reinige mich von jeder Sünde (1. Johannes 1,7).

Hört auf, andere zu verurteilen, und ihr werdet auch nicht verurteilt werden. Hört auf, andere zu tadeln, oder es wird euch ebenso ergehen. Wenn ihr anderen vergebt, wird euch auch vergeben werden.

Lukas 6,37

IO

Hilf mir zu vergeben, Herr!

Herr, wenn ich dir die Schuld gegeben habe für Dinge, die in meinem Leben geschehen sind, mach mir das deutlich, damit ich dir das bekennen kann. Hilf mir, meine Feinde zu lieben, wie du es angeordnet hast. Lehre mich, diejenigen zu segnen, die mich beleidigen und verfolgen (Matthäus 5,44-45). Erinnere mich daran, für diejenigen zu beten, die mich kränken und verletzen, damit ich ihnen mit Wärme und Liebe begegnen kann. Ich will keinen Groll hegen und nicht hart und bitter werden. Mach mich zu einem Menschen, der schnell und leicht vergibt. Wenn etwas zwischen mir und jemandem aus meiner Familie steht, gegen den ich Groll hege, nimm diese Mauer bitte weg. Hilf mir, jedes Mal zu vergeben, wenn es notwendig ist.

Ich aber sage: Liebt eure Feinde! Betet für die, die euch verfolgen! So handelt ihr wie wahre Kinder eures Vaters im Himmel. Denn er lässt die Sonne für Böse und Gute aufgehen und sendet Regen für die Gerechten wie für die Ungerechten.

MATTHÄUS 5,44-45

11

Lehre mich, gehorsam deinen Weg zu gehen, Herr!

Herr, du sagst, wer dein Gesetz liebt, hat großen Frieden und wird nicht zu Fall kommen (Psalm 119,165). Ich liebe dein Gesetz, denn ich weiß, dass es gut ist und mir Segen bringt. Lass mich deinem Wort in jedem Bereich gehorchen, damit ich nicht stolpere und falle. Hilf mir, dir gehorsam zu sein, damit ich ganz sicher weiß, dass ich so lebe, wie es dir gefällt. Ich will dir von ganzem Herzen gehorsam sein, Herr, und zwar in *jeder* Hinsicht. Zeige mir, wo das noch nicht der Fall ist. »Ich habe dich von ganzem Herzen gesucht, nun lass mich nicht von deinen Geboten abirren« (Psalm 119,10).

Wer meine Gebote kennt und sie befolgt, der liebt mich. Und weil er mich liebt, wird mein Vater ihn lieben und ich werde ihn lieben. Und ich werde mich ihm persönlich zu erkennen geben.

Johannes 14,21

12

Lehre mich, gehorsam deinen Weg zu gehen, Herr!

Dein Wort sagt: »Wenn wir sagen, wir seien ohne Schuld, betrügen wir uns selbst und die Wahrheit ist nicht in uns« (1. Johannes 1,8). Ich will mich nicht selbst dadurch betrügen, dass ich den Maßstab nicht beachte, den du an mein Leben anlegst. Zeige mir, wenn ich Dinge tue, die ich nicht tun sollte. Hilf mir, deine besonderen Anweisungen zu hören. Sprich deutlich zu mir durch dein Wort, damit ich weiß, was richtig und was falsch ist. Ich möchte den Heiligen Geist nicht betrüben durch etwas, das ich tue (Epheser 4,30). Hilf mir, deine Wege immer besser verstehen zu lernen, damit ich in der Fülle deiner Gegenwart leben und alles empfangen kann, was du für mich vorbereitet hast.

Wer die Gebote Gottes befolgt, der lebt in Gemeinschaft mit ihm, und Gott ist in ihm. Und wir wissen, dass er in uns bleibt durch den Heiligen Geist.

1. Johannes 3,24

13

Gib mir die Kraft, Bösem zu widerstehen, Herr!

Herr, ich danke dir, dass du für mich am Kreuz gelitten hast und für mich gestorben bist. Ich danke dir, dass du dadurch den Tod und die Hölle überwunden hast. Du hast meinen Feind besiegt. Danke, dass du mir die »Vollmacht über den Feind gegeben« hast und nichts mir mehr etwas anhaben kann (Lukas 10,19). Zeige mir, wo ich das Eindringen Satans in mein Leben übersehe. Lehre mich, die Vollmacht zu gebrauchen, die du mir gegeben hast, damit er in jeder Hinsicht besiegt ist. Hilf mir, regelmäßig zu fasten und zu beten, um jede Festung einzureißen, die der Feind in meinem Leben aufzurichten versucht. In der Kraft deines Heiligen Geistes kann ich dem Satan Widerstand leisten, und er wird mich verlassen (Jakobus 4,7).

Werdet stark durch den Herrn und durch die mächtige Kraft seiner Stärke! Legt die komplette Waffenrüstung Gottes an, damit ihr allen hinterhältigen Angriffen des Satans widerstehen könnt.

EPHESER 6,10-11

14

Gib mir die Kraft, Bösem zu widerstehen, Herr!

Herr, ich bitte dich um gerechte Führungspersonen für unsere Nation. Gib jedem von ihnen Weisheit, die richtigen Entscheidungen zu treffen. Zerstöre die Festungen des Feindes *in* diesem Land und die Pläne, die er sich *für* dieses Land ausgedacht hat. Überflute dieses Land mit deinem Frieden.

Vor allem anderen fordere ich euch auf, für alle Menschen zu beten. Bittet bei Gott für sie und dankt ihm. So sollt ihr für die Herrschenden und andere Menschen in führender Stellung beten, damit wir in Ruhe und Frieden so leben können, wie es Gott gefällt und anständig ist.

1. Timotheus 2,1-2

15

Gib mir die Kraft, Bösem zu widerstehen, Herr!

Herr, wenn Satan auch versucht, mich zu einem Werkzeug seines Willens zu machen, gibst du mir die Kraft, mich völlig aus seinem Bann zu befreien (2. Timotheus 2,26). Danke, dass du mir Schutz und Hilfe schenkst, weil ich mich bemühe, dir treu zu bleiben (Sprüche 2,7-8). Hilf mir, dass ich mich nicht vom Bösen besiegen lasse, sondern es mit dem Guten überwinde (Römer 12,21). Danke, dass ich in deiner Gegenwart sicher und geborgen bin (Psalm 31,21). Danke, dass der Feind mich niemals überwinden kann, solange ich mit ganzem Herzen an dir festhalte.

Wenn das Unglück wie ein Sturm kommt, fegt es den Gottlosen hinweg, der Gottesfürchtige aber steht für immer auf einem festen Grund.

SPRÜCHE 10,25

16

Hilf mir, meine Gedanken zu kontrollieren, Herr!

Herr, ich möchte nicht meinen eigenen Vorstellungen folgen und mich dir widersetzen (Jesaja 65,2). Ich möchte dir jeden Gedanken geben, der mich gefangen nimmt und bestimmt. Dein Wort »ist schärfer als das schärfste Schwert und durchdringt unsere innersten Gedanken und Wünsche. Es deckt auf, wer wir wirklich sind, und macht unser Herz vor Gott offenbar« (Hebräer 4,12). Wenn ich dein Wort lese, lass mich alle falschen Gedanken erkennen, denen ich Raum gebe. Lass mich dein Wort so stark verinnerlichen, dass ich jede Lüge des Feindes sofort erkenne. Ich weiß, dass du mir Vollmacht gegeben hast, um »unter Schlangen und Skorpionen umhergehen und sie zertreten« zu können (Lukas 10,19); daher befehle ich dem Satan, aus meinen Gedanken zu weichen.

Lasst euch stattdessen einen neuen Geist und ein verändertes Denken geben. Als neue Menschen, geschaffen nach dem Ebenbild Gottes und zur Gerechtigkeit, Heiligkeit und Wahrheit berufen, sollt ihr auch ein neues Wesen annehmen.

EPHESER 4,23-24

17

Hilf mir, meine Gedanken zu kontrollieren, Herr!

Herr, ich möchte keinen unsinnigen Vorstellungen nachgehen oder Gedanken Raum geben, die dich nicht ehren (Römer 1,21) – jeden abwegigen Gedanken möchte ich zurückweisen. Zeige mir, wo ich mich für Vorstellungen geöffnet habe, die dir missfallen. Hilf mir, dies nicht länger zu tun und meinen Geist stattdessen mit Gedanken, Worten, Musik und Bildern zu füllen, die dich ehren. Hilf mir, meine Gedanken auf das zu richten, »was wahr und anständig und gerecht ist ..., was rein und liebenswert und bewunderungswürdig ist, ... Auszeichnung und Lob« verdient (Philipper 4,8). Ich nehme dafür »den Geist der Kraft, der Liebe und der Besonnenheiten« in Anspruch, den du mir geschenkt hast (2. Timotheus 1,7).

Deshalb orientiert euch nicht am Verhalten und an den Gewohnheiten dieser Welt, sondern lasst euch von Gott durch Veränderung eurer Denkweise in neue Menschen verwandeln. Dann werdet ihr wissen, was Gott von euch will: Es ist das, was gut ist und ihn freut und seinem Willen vollkommen entspricht.

Römer 12,2

18

Bestimme jeden einzelnen Bereich meines Lebens, Herr!

Herr, ich beuge mich heute vor dir und erkläre, dass du der Herr über jeden einzelnen Bereich meines Lebens bist. Ich gebe dir mich selbst und mein ganzes Leben hin und bitte dich, jeden Winkel meines Verstandes, meiner Seele, meines Körpers und meines Geistes zu bestimmen. Ich liebe dich mit ganzem Herzen, von ganzer Seele und mit all meinem Verstand. Ich vertraue dir mit meinem ganzen Wesen. Ich bekenne dich als Herrn über mein Leben – heute und für alle Zeit. Hilf mir, mich selbst und meine Vorstellungen aufzugeben, mein Kreuz auf mich zu nehmen und dir nachzufolgen (Lukas 9,23). Ich will dein Jünger sein, so wie du es in deinem Wort beschrieben hast (Lukas 14,27). Ich will mein Leben um deinetwillen verlieren, um es dadurch zu retten (Lukas 9,24).

Wenn wir leben, leben wir, um dem Herrn Freude zu machen, und wenn wir sterben, sterben wir, um beim Herrn zu sein. Ob wir nun leben oder sterben: Wir gehören dem Herrn.

RÖMER 14,8

19

Bestimme jeden einzelnen Bereich meines Lebens, Herr!

Himmlischer Vater, hilf mir, meinen Freunden und meiner Familie einander mit aufrichtiger Zuneigung zu lieben und Freude daran zu haben, uns gegenseitig Achtung zu erweisen. Lass uns nicht nachlässig werden, sondern erfülle uns mit deinem Geist und hilf uns, uns ganz für dich einzusetzen. Lass uns auf alles freuen, was du für uns bereithältst. Hilf uns, geduldig zu sein, wenn wir schwere Zeiten durchmachen, und hilf uns, niemals mit Beten aufzuhören (Römer 12,10-12). Lehre uns, uns so zu lieben, wie du uns geliebt hast.

Denkt nicht nur an eure eigenen Angelegenheiten, sondern interessiert euch auch für die anderen und für das, was sie tun.

PHILIPPER 2,4

20

Bestimme jeden einzelnen Bereich meines Lebens, Herr!

Herr, ich sehne mich danach, dir rückhaltlos zu gefallen. Bestimme über alles – über meine Beziehungen, meine Finanzen, meine Arbeit, meine Freizeit, meine Entscheidungen, meine Zeit, meinen Körper, meinen Geist, meine Seele, meine Wünsche und meine Träume. Ich lege alles in deine Hände, damit du es zu deiner Ehre gebrauchen kannst. Ich erkläre heute: »Ich lebe, aber nicht mehr ich selbst, sondern Christus lebt in mir. Ich lebe also mein Leben in diesem irdischen Körper im Glauben an den Sohn Gottes, der mich geliebt und sich selbst für mich geopfert hat« (Galater 2,20).

Wie ihr nun Christus Jesus als euren Herrn angenommen habt, so lebt auch mit ihm und seid ihm gehorsam. Senkt eure Wurzeln tief in seinen Boden und schöpft aus ihm, dann werdet ihr im Glauben wachsen und in der Wahrheit, in der ihr unterwiesen wurdet, standfest werden. Und dann wird euer Leben überfließen von Dankbarkeit für alles, was er getan hat.

KOLOSSER 2,6-7

Lass mich dein Wort immer besser verstehen, Herr!

Herr, »dein Wort ist eine Leuchte für meinen Fuß und ein Licht auf meinem Weg« (Psalm 119,105). Hilf mir, es wirklich in seiner tiefsten Bedeutung zu erfassen. Schenk mir wachsendes Verständnis und lass mich seine verborgenen Schätze erkennen. Öffne mein Herz für die Dinge, die du mir beibringen möchtest. Verändere mich, während ich es lese. Hilf mir, dein Wort Tag für Tag sorgsam in mich aufzunehmen. Zeige mir, wo ich Zeit verschwende, die ich besser damit verbringen würde, dein Wort zu lesen. Gib mir die Fähigkeit, es mir gut einzuprägen. Verankere es tief in meinem Denken und Fühlen. Lass es zu einem Teil von mir werden.

Wer aber ständig auf das vollkommene Gesetz Gottes achtet – das Gesetz, das uns frei macht – und befolgt, was es sagt, und nicht vergisst, was er gehört hat, den wird Gott segnen.

Jakobus 1,25

22

Lass mich dein Wort immer besser verstehen, Herr!

Herr, hilf mir, dein Wort zu verstehen, damit ich deine Wege erkenne. Hilf mir, dir zu gehorchen und so zu reagieren, wie ich es nach deinem Willen tun soll. Danke, dass meine Sünde mich nicht von dir trennt, denn wenn ich sie bereue und bekenne, wirst du mich von ihr befreien.

Doch wenn wir ihm unsere Sünden bekennen, ist er treu und gerecht, dass er uns vergibt und uns von allem Bösen reinigt.

1. Johannes 1,9

Lass mich dein Wort immer besser verstehen, Herr!

Herr, dein Wort soll meinen Glauben stärken und mich daran erinnern, wer du bist und wie sehr du mich liebst. Schenk mir die Gewissheit, dass mein Leben in deiner Hand ist und dass du mir alles geben wirst, was ich brauche. Danke, Herr, dass ich dich auch in deinem Wort finde. Lass mich deine Stimme erkennen, wenn du zu mir sprichst (Markus 4,23). Wenn ich deine Stimme höre und dir folge, ist mein Leben glücklich und ausgefüllt. Wenn ich von deinem Weg abkomme, ist mein Leben leer. Führe und korrigiere mich durch dein Wort und fülle mich heute damit aus.

Glücklich ist der Mensch, der nicht auf den Rat der Gottlosen hört, der sich am Leben der Sünder kein Beispiel nimmt und sich nicht mit Spöttern abgibt. Voller Freude tut er den Willen des Herrn und denkt über sein Gesetz Tag und Nacht nach. Er ist wie ein Baum, der am Flussufer wurzelt und Jahr für Jahr reiche Frucht trägt. Seine Blätter welken nicht, und alles, was er tut, gelingt ihm.

Psalm 1,1-3

24

Lass mich dein Wort immer besser verstehen, Herr!

Herr, ich möchte nicht nur eine Hörerin deines Wortes sein. Zeige mir, wie ich zu einer Täterin deines Wortes werden kann. Hilf mir, dir zu gehorchen und so darauf zu reagieren, wie ich es nach deinem Willen tun sollte. Zeige mir, wenn ich deinem Wort ungehorsam bin. Hilf mir, meine Ohren für deine Worte zu öffnen und mich zurechtweisen zu lassen (Sprüche 23,12). Lass dein Wort meine Haltung korrigieren und mich daran erinnern, was mein Lebensziel und meine Aufgabe hier auf dieser Erde ist. Lass es mein Herz reinigen und mir Hoffnung geben, damit ich über meine Grenzen hinauswachsen kann. Es ist Nahrung für meine Seele, und ich kann ohne es nicht leben. Hilf mir, dich durch dein Wort besser kennenzulernen.

Doch wer sein Wort hält, an dem zeigt sich Gottes Liebe in vollkommener Weise. Daran erkennen wir, ob wir in ihm leben.

1. Johannes 2,5

25

Hilf mir, meine Prioritäten richtig zu setzen, Herr!

Herr, bitte hilf mir, die Prioritäten in meinem Leben richtig zu setzen. Ich möchte dich immer an die erste Stelle setzen. Lehre mich, dich von ganzem Herzen, von ganzer Seele und mit meinem ganzen Verstand zu lieben. Zeige mir, wenn ich das nicht tue. Zeige mir, wenn ich mich an einen Götzen gehängt habe. Ich sehne mich danach, ausschließlich dir zu dienen. Hilf mir, dies in meinem Leben umzusetzen.

Gehorcht den Leitern eurer Gemeinde und tut, was sie sagen. Es ist ihre Aufgabe, über eure Seelen zu wachen, und sie wissen, dass sie Gott Rechenschaft geben müssen. Achtet darauf, dass sie dies mit Freude und ohne Sorgen tun können, denn das wäre sonst für euch sicher nicht gut.

Hebräer 13,17

26

Hilf mir, meine Prioritäten richtig zu setzen, Herr!

Herr, zeige mir die Gemeinde, in der du mich haben willst, damit ich Teil der Arbeit werden kann, die du dort tust. Ich bitte dich, dass ich immer einer Gemeinde angehören kann, die dich anbetet. Einer Gemeinde, in der dein Wort ausgewogen und klar gelehrt wird und die weiß, wie viel Kraft im Gebet liegt.

Gott hat unseren Körper mit vielen Gliedern und Organen geschaffen und jedem Körperteil seinen Platz gegeben, wie er es wollte.

1. Korinther 12,18

27

Hilf mir, meine Prioritäten richtig zu setzen, Herr!

Herr, hilf mir, mich anderen bereitwillig unterzuordnen, wenn dies erforderlich ist. Zeige mir deutlich, wem und wie ich mich unterordnen soll. Schenke mir diesbezüglich Klarheit und Weisheit. Zeige mir immer, wenn ich mich den Menschen, deren Autorität ich nach deinem Willen unterstehe, nicht oder nicht in der rechten Weise unterordne. Ich weiß, dass ich deine Segnungen nicht empfangen kann, wenn die Prioritäten in meinem Leben nicht stimmen. Aber ich weiß auch, wenn ich für dich lebe und das Reich Gottes mein wichtigstes Anliegen ist, wirst du mir alles geben, was ich brauche (Matthäus 6,33). Ich wende mich heute zuerst an dich und bitte dich, dass du mir hilfst, mein Leben vor dir zu ordnen.

Wer an seinem Leben hängt, wird es verlieren; aber wer es für mich aufgibt, wird es finden.

Matthäus 10,39

28

Lehre mich, dich aufrichtig anzubeten, Herr!

Herr, es gibt für mich keine größere Freude als dich anzubeten. Voller Dankbarkeit verneige ich mich vor dir. Ich preise deinen Namen, denn du bist groß und wert, gepriesen zu werden. Danke, dass du mir »größere Freude geschenkt« hast (Psalm 4,8). Dir steht aller Ruhm und alle Ehre zu, denn du bist heilig und gerecht, Herr. Du bist »gnädig und barmherzig, geduldig und voller Güte« (Psalm 145,8). Ich preise dich, denn deine Macht ist gewaltig und deine »Erkenntnis übersteigt alles, was wir begreifen können« (Psalm 147,5). Danke, dass du die Erniedrigten aufrichtest und alle, die sich gegen dich erheben, zu Boden wirfst (Psalm 147,6). Danke, dass du den Unterdrückten Recht verschaffst, den Hungernden zu essen gibst und die Gefangenen frei machst. Danke, dass du den Blinden die Augen öffnest und die Verzweifelten aufrichtest (Psalm 146,7-8).

Wer mir Dank sagt, bringt mir ein Opfer, das mich wirklich ehrt. Wer auf dem Weg bleibt, der erfährt meine Rettung.

Psalm 50,23

29

Lehre mich, dich aufrichtig anzubeten, Herr!

Herr, hilf mir, eine lobende Persönlichkeit zu sein. Ich möchte dich so anbeten, wie du dir das vorstellst. Zeige mir, wo ich noch mehr über die Anbetung und das Gebet lernen kann, damit ich dich so anbete und für andere beten kann, wie du es für mich vorgesehen hast. Hilf mir, die Anbetung zu meinem Lebensstil zu machen.

Kommt, lasst uns anbeten und uns vor ihm verbeugen. Lasst uns niederknien vor dem Herrn, unserem Schöpfer. Denn er ist unser Gott und wir sind das Volk, das er beschützt, die Schafe, die er behütet. Wenn ihr doch heute auf seine Stimme hören würdet!

PSALM 95,6-7

30

Lehre mich, dich aufrichtig anzubeten, Herr!

Herr, lehre mich, dich von ganzem Herzen so anzubeten, wie du es möchtest. Mache mich zu einer *wahren* Anbeterin/einem *wahren* Anbeter. Ich möchte lernen, auf jede Situation zuerst mit Lobpreis und Anbetung zu reagieren. Ich preise deinen Namen heute, Herr, denn du bist gut und deine Gnade bleibt ewig bestehen (Psalm 136,1). »Deine Gnade bedeutet mir mehr als das Leben; dich preise ich von ganzem Herzen! Ich will dich ehren, solange ich lebe, und meine Hände im Gebet zu dir erheben« (Psalm 63,4.5). Ich will allen Menschen von deinen Taten erzählen und allen Völkern von deinen Wundern berichten (Psalm 96,3). Ich gebe dir die Ehre, die dir allein zusteht, und bete dich an (Psalm 29,2).

Vor deinem heiligen Tempel werfe ich mich nieder und bete dich an. Ich preise deinen Namen für deine Gnade und Treue, denn du hast versprochen, deine Zusagen einzuhalten um der Ehre deines Namens willen.

Psalm 138,2

31

Lehre mich, dich aufrichtig anzubeten, Herr!

Danke, Herr, dass du Gutes für mein Leben im Sinn hast und dass du mir eine Zukunft voller Hoffnung bietest. Danke, dass du beständig an mir arbeitest, um mich heil zu machen. Ich preise dich und danke dir dafür, dass du mein Arzt bist, mein Befreier, mein Versorger, mein Erlöser, mein Vater und mein Tröster. Danke, dass du dich mir offenbart hast durch dein Wort, durch deinen Sohn Jesus und durch die Wunder, die du auf der Erde und in meinem persönlichen Leben getan hast und tust. Danke für deine Liebe, deine Treue, deine Güte und dein Heil. Danke für den Frieden und die Freude, die du schenkst. Danke, dass ich mich auf dich verlassen kann, denn du bist treu und dein Wort ist absolut vertrauenswürdig. Danke, dass du derselbe bist gestern, heute und in Ewigkeit.

Sprich sie schuldig, Gott. Lass sie durch ihre eigenen Pläne zu Fall kommen. Verstoße sie wegen ihrer zahlreichen Sünden, denn sie begehren gegen dich auf. Doch die bei dir Zuflucht suchen, sollen sich freuen, sie sollen Loblieder singen in alle Ewigkeit. Du beschützt sie, darum dürfen sich alle freuen, die deinen Namen lieben.

Psalm 5,11-12

32

Segne meine Arbeit, Herr!

Herr, bitte zeige mir, welche Arbeit ich tun soll. Wenn ich etwas anderes tun soll, als das, was ich gerade tue, mach es mir deutlich. Wenn es etwas gibt, was ich zusätzlich tun sollte, zeige mir auch das. Zu welcher Arbeit du mich auch immer berufen hast, sei es jetzt oder in Zukunft, bitte gib mir die Kraft, sie gut zu tun. Schenke mir Erfüllung und Befriedigung bei meiner Arbeit, auch in den Bereichen, die vielleicht schwierig und unangenehm sind. Danke, dass jede Arbeit Gewinn bringt (Sprüche 14,23).

Glücklich ist der, der den Herrn fürchtet und auf seinen Wegen geht! Du wirst die Frucht deiner Arbeit genießen. Du wirst glücklich sein und es wird dir gut gehen!

Psalm 128,1-2

33

Segne meine Arbeit, Herr!

Herr, ich danke dir für die Fähigkeiten, die du mir geschenkt hast. Hilf mir, mir fehlende Kenntnisse anzueignen, damit ich meine Arbeit gut machen kann. Schenke mir offene Türen dafür, meine Gaben und Fähigkeiten nach deinen Wünschen einzusetzen, und verschließe die Türen vor mir, durch die ich nicht gehen soll. Gib mir in dieser Hinsicht Weisheit und führe mich. Ich stelle meine Arbeit in deinen Dienst, Herr. Schenke mir gutes Gelingen, so wie dein Wort es verheißt (Sprüche 16,3). Schenke es, dass ich meine Arbeit lieben und die Arbeit tun kann, die ich liebe. Segne die Arbeit meiner Hände, sodass sich andere Menschen darüber freuen und dadurch gesegnet werden. Lass meine Arbeit dir immer Ehre machen.

Der Herr, unser Gott, schaue freundlich auf uns und lasse unsere Arbeit gelingen. Ja, lass unsere Arbeit gelingen!

Psalm 90,17

34

Segne meine Arbeit, Herr!

Segne die Menschen, für die ich arbeite, und meine Kollegen. Lass mich für jeden Einzelnen eine Hilfe und ein Segen sein. Wenn ich bei meiner Arbeit anderen Menschen begegne, lass mich deine Liebe und deinen Frieden ausstrahlen und auf diese Weise deine Güte verkünden. Mögen sie durch mich von dir selbst berührt werden. Hilf mir, wirklich hervorragende Arbeit zu tun, damit meine Vorgesetzten und Kollegen zufrieden mit mir sind. Bitte lass mich in dem, was ich tue, erfolgreich sein. Hilf mir, nicht nachlässig zu werden, sondern mich ganz mit deinem Geist erfüllen zu lassen und dir in allem zu dienen (Römer 12,11).

Der Segen des Herrn allein macht den Menschen reich, durch eigene Sorge kann er nichts hinzufügen.

SPRÜCHE 10,22

35

Lass mich Frucht bringen, Herr!

Herr, ich bitte dich, dass du die Frucht des Heiligen Geistes in mich hineinpflanzt und sie wachsen und blühen lässt. Hilf mir, mit dir verbunden zu bleiben, Jesus, damit ich Frucht bringen kann. Ich bitte dich, Heiliger Geist, mich heute neu mit deiner Liebe zu erfüllen, damit sie durch mich hindurch zu anderen Menschen fließen kann. Du sagst in deinem Wort: »Euren Herzen wünschen wir den Frieden, der von Christus kommt« (Kolosser 3,15). Ich bitte dich, dass dein Friede mein Herz und meine Gedanken dermaßen prägt, dass die Menschen, mit denen ich zu tun habe, dies spüren. Hilf mir bei Folgendem: »Bemühen wir uns also um Frieden miteinander und versuchen wir, einander im Glauben zu stärken« (Römer 14,19).

Wenn dagegen der Heilige Geist unser Leben beherrscht, wird er ganz andere Frucht in uns wachsen lassen: Liebe, Freude, Frieden, Geduld, Freundlichkeit, Güte, Treue, Sanftmut und Selbstbeherrschung. Nichts davon steht im Widerspruch zum Gesetz.

Galater 5,22-23

36

Lass mich Frucht bringen, Herr!

Wenn ich beschnitten werden muss, um mehr Frucht zu bringen, bin ich bereit, mich dir auszuliefern. Ich weiß, dass ich ohne dich nichts tun kann. Du bist der Weinstock und ich bin die Rebe. Ich muss mit dir verbunden bleiben, um Frucht zu bringen. Hilf mir, dies zu tun. Danke für deine Zusage, dass ich alles bekommen werde, um was ich bitte, wenn ich mit dir verbunden bleibe und deine Worte in mir bleiben (Johannes 15,7). Danke auch für dein Versprechen, dass du mir gibst, worum ich bitte (Johannes 16,24). Lass mich sein wie ein Baum, der am Wasser wurzelt und Jahr für Jahr Früchte trägt. Schenk mir Erfolg bei allem, was ich tue (Psalm 1,3).

Darin wird mein Vater verherrlicht, dass ihr viel Frucht hervorbringt und meine Jünger werdet.

JOHANNES 15,8

37

Hilf mir, in Heiligkeit zu leben, Herr!

Herr, du hast uns nicht dazu berufen, ein unreines Leben zu führen, sondern wir sollen heilig leben (1. Thessalonicher 4,7). Du hast meine Sünden abgewaschen und mich gerechtgesprochen (1. Korinther 6,11). Du hast mich »zur Gerechtigkeit, Heiligkeit und Wahrheit berufen« und mir ermöglicht, »ein neues Wesen an[zu]nehmen«, »geschaffen nach dem Ebenbild Gottes« (Epheser 4,24). Hilf mir, das Böse zu hassen und mit ganzer Kraft das Gute zu tun (Römer 12,9). Herr, hilf mir, mich von allem zu distanzieren, was deinem heiligen Wesen nicht entspricht. Ich möchte mein Leben nicht mit wertlosen Beschäftigungen verschwenden.

Schon vor Erschaffung der Welt hat Gott uns aus Liebe dazu bestimmt, vor ihm heilig zu sein und befreit von Schuld.

Epheser 1,4

38

Hilf mir, in Heiligkeit zu leben, Herr!

Herr, hilf mir, mein Leben kritisch zu prüfen und zu dir umzukehren, wenn ich von deinem Weg abgekommen bin. Gib mir die Kraft zu allen Schritten, die ich tun muss, um ein reines Leben zu führen. Herr, ich möchte heilig sein, weil du heilig bist. Schenk mir Anteil an deiner Heiligkeit (Hebräer 12,10) und schütze meinen Geist, meine Seele und meinen Körper (1. Thessalonicher 5,23). Du hast mich dazu berufen, ein reines und heiliges Leben zu führen, und dein Wort sagt: »Gott, der euch berufen hat, ist treu; er wird halten, was er versprochen hat« (1. Thessalonicher 5,24). Danke, dass du mich bewahrst und mich auf die Aufgaben vorbereitest, zu denen du mich berufen hast.

Gott segnet die, die ein reines Herz haben, denn sie werden Gott sehen.

Matthäus 5,8

39

Lass mich deine Bestimmung erfüllen, Herr!

Herr, ich weiß, dass du schon etwas mit mir vorhattest, als ich dich noch gar nicht kannte, und ich möchte, dass dein Plan für mich in Erfüllung geht. Hilf mir, »ein Leben zu führen, das eurer Berufung würdig ist, denn ihr seid ja von Gott berufen worden« (Epheser 4,1). Ich weiß, dass du eine Berufung für mich hast, und ich will so leben, wie du es für mich bestimmt hast. Hilf mir, immer daran zu denken, dass du mich in deine Nachfolge gerufen hast und dass mein Leben einen Sinn hat. Nimm die Mutlosigkeit weg, die ich vielleicht empfinde, und schenk mir stattdessen Vorfreude auf das, was du durch mich tun möchtest. Gebrauche mich als Werkzeug, um das Leben der Menschen zu verbessern, die mir durch dich begegnen.

Deshalb, liebe Freunde, bemüht euch zu zeigen, dass Gott euch berufen und erwählt hat! Wenn ihr das tut, werdet ihr niemals stolpern oder von Gott abfallen.

2. Petrus 1,10

40

Lass mich deine Bestimmung erfüllen, Herr!

Herr, ich glaube, dass du wolltest, dass ich in genau dieser Zeit lebe und für andere bete. Ich bitte um deine Barmherzigkeit und Gnade für meine Stadt (setzen Sie hier den Namen Ihrer Stadt ein) und für mein Land (setzen Sie hier den Namen Ihres Landes ein). Ich weiß, dass du der Herr über diese Orte bist. Mir ist bewusst, dass zu meiner Berufung gehört, für Veränderung dieser Orte zu beten. Hilf mir, dies in die Tat umzusetzen. Hilf mir, die Welt zu deiner Ehre zu verändern.

Die Bewohner der einen Stadt sollen zu den Bewohnern der anderen gehen und sagen: Lasst uns gehen, um den Herrn gnädig zu stimmen und um den allmächtigen Herrn zu suchen.

Sacharja 8,21

41

Lass mich deine Bestimmung erfüllen, Herr!

Herr, schenke mir eine Vision für mein Leben. Ich mache mich mit meinem ganzen Sein an dir fest und lege mein Schicksal in deine Hände. Zeige mir, ob das, was ich jetzt tue, das ist, was du mit mir vorhast. Das, was du in meinem Leben bewirkst, soll Ewigkeitswert haben. Herr, ich weiß, dass bei den Menschen, die dich lieben, alles zum Guten führt (Römer 8,28). Darum zeige mir deutlich, welche Begabungen du mir geschenkt hast. Lass sie mich weiter ausbauen und hilf mir, sie nach deinen Vorstellungen und zu deiner Ehre zu gebrauchen.

Darüber hinaus haben wir durch Christus ein göttliches Erbe empfangen, denn Gott hat uns von Anfang an erwählt, wie er es mit seinem Willen beschlossen hatte.

Epheser 1,11

42

Lass mich deine Bestimmung erfüllen, Herr!

Herr, ich danke dir, dass du einen großen Plan für mein Leben hast. Hilf mir herauszufinden, wie dieser Plan aussieht. Ich möchte große Dinge für dich tun, aber ich weiß, dass das nur durch dich geschehen kann. Nur durch deine Größe in mir kann ich Großes erreichen. Deshalb gebe ich dir mich, mein Leben und alles, was ich habe, damit es zu deiner Ehre gebraucht werden kann.

Er nehme deine Opfer an und beachte deine Brandopfer mit Freude.

PSALM 20,4

43

Leite mich in all meinen Beziehungen, Herr!

Ich bringe all meine Beziehungen vor dich, Herr, und bitte dich, sie zu segnen. Lass jede einzelne dich verherrlichen. Hilf mir, meine Freunde weise auszuwählen, damit ich durch meinen Umgang mit ihnen nicht vom richtigen Weg abkomme. Gib mir die Weisheit und die Kraft, mich von allen Menschen zu trennen, die einen schlechten Einfluss auf mich ausüben. Ich gebe alle meine Beziehungen in deine Hände und bitte dich, dass in jeder einzelnen dein Wille geschieht. Ich bitte dich für meine Beziehungen zu meinen Familienmitgliedern. Bitte heile unsere Beziehung und schenke uns Frieden. Segne unsere Beziehung und stärke sie.

Vater der Waisen und Helfer der Witwen – das ist Gott, in seiner heiligen Wohnung.

Psalm 68,6

44

Leite mich in all meinen Beziehungen, Herr!

Herr, ich bitte dich um deinen Segen für meine Familie und Freunde. Insbesondere bitte ich dich für (setzen Sie hier den Namen Ihrer Familienmitglieder und Freunde ein). Hilf mir, dass ich zu jedem von ihnen eine gute Beziehung haben kann. Nimm jeden aus meinem Leben, der mich auf eine Weise beeinflussen will, die nicht mit deinem Willen übereinstimmt. Ich bitte dich auch für meine Gemeinde, meine Arbeitskollegen und die, denen ich im Laufe des Tages begegnen werde (nennen Sie die Menschen, die Ihnen in den Sinn kommen). Hilf mir, ein Licht für sie zu sein.

Hört nicht auf zu beten und Gott zu danken.

Kolosser 4,2

Leite mich in all meinen Beziehungen, Herr!

Herr, ich bitte dich für meine Beziehungen zu den Menschen, die dich nicht kennen. Hilf mir, so mit ihnen zu reden, dass sie ihr Herz für dich öffnen. Insbesondere bitte ich dich für (setzen Sie hier den Namen eines Menschen ein, der Gott noch nicht kennt oder der sich von ihm abgewandt hat). Mache ihr/sein Herz offen für dich, damit sie/er dich annimmt und dir treu nachfolgt. Bitte schenke mir Freunde, die dich achten, und Menschen, die Vorbilder und Lehrer für mich sein können, an denen ich mich orientieren kann. Schenke mir Menschen, die mir liebevoll die Wahrheit sagen. Ich bitte dich, dass du mir Menschen zur Seite stellst, die vertrauenswürdig, freundlich, liebevoll und aufrichtig sind. Hilf uns, uns gegenseitig Mut zu machen. Lass unsere Beziehungen von Liebe und Vergebungsbereitschaft geprägt sein.

Befreit euch von Bitterkeit und Wut, von Ärger, harten Worten und übler Nachrede sowie jeder Art von Bosheit. Seid stattdessen freundlich und mitfühlend zueinander und vergebt euch gegenseitig, wie auch Gott euch durch Christus vergeben hat.

Epheser 4,31-32

46

Leite mich in all meinen Beziehungen, Herr!

Herr, zeige mir Menschen, mit denen ich gemeinsam beten kann. Wann immer wir die Möglichkeit haben, für andere zu beten, hilf uns, dies in vollkommener Einheit zu tun. Lass uns so sehr im Einklang miteinander sein, dass unsere Gebete wirkungsvoll sind. Hilf uns, uns einander unterzuordnen, wie es die »Achtung vor dem Herrn« verlangt (Epheser 5,21). Hilf uns, einer Meinung zu sein (Philipper 3,15). Danke, dass du unsere Gebete hören und darauf antworten wirst.

Lebt in Frieden miteinander. Versucht nicht, euch wichtig zu machen, sondern wendet euch denen zu, die weniger angesehen sind. Und bildet euch nicht ein, alles zu wissen!

Römer 12,16

47

Lass mich im Einklang mit deinem Willen leben, Herr!

Herr, führe mich Schritt für Schritt. Leite mich in deiner Gerechtigkeit und »zeige mir, welchen Weg ich gehen soll« (Psalm 5,9). Ich sehne mich danach, Tag für Tag eng mit dir verbunden zu leben; bitte führe mich dahin, wo du mich haben willst. Ich möchte zu dir – wie Jesus – sagen: »Ich will deinen Willen tun, nicht meinen« (Lukas 22,42). Wie David möchte ich sagen können: »Ich will deinen Willen gerne tun, mein Gott« (Psalm 40,8). Du bedeutest mir mehr als alles andere in meinem Leben. Dein Wille ist mir wichtiger als meine eigenen Wünsche. Ich möchte deine Dienerin sein, die deinen Willen von Herzen erfüllt (Epheser 6,6).

Nicht alle Menschen, die sich fromm gebärden, glauben an Gott. Auch wenn sie ›Herr‹ zu mir sagen, heißt das noch lange nicht, dass sie ins Himmelreich kommen. Entscheidend ist, ob sie meinem Vater im Himmel gehorchen.

Matthäus 7,21

48

Lass mich im Einklang mit deinem Willen leben, Herr!

Herr, gib mir den Mut, mit all meinen Gebeten zu dir zu kommen. Hilf mir darauf zu vertrauen, dass du bereit bist zu hören und zu antworten. Hilf mir, jederzeit nach deinem Willen zu beten. Mein tiefster Wunsch ist, dass dein Wille in allen Dingen geschieht. Lehre mich, wie ich beten soll, damit ich immer im Einklang mit deinem Willen lebe.

Und wir dürfen zuversichtlich sein, dass er uns erhört, wenn wir ihn um etwas bitten, das seinem Willen entspricht. Und wenn wir wissen, dass er unsere Bitten hört, dann können wir auch sicher sein, dass er uns gibt, worum wir ihn bitten.

1. JOHANNES 5,14-15

49

Lass mich im Einklang mit deinem Willen leben, Herr!

Herr, hilf mir, deine Stimme zu hören, die zu mir sagt: »Dies ist der Weg, den du gehen sollst.« Sprich zu mir durch dein Wort und lass es mich begreifen. Zeige mir jeden Bereich meines Lebens, der sich nicht nach deinen Wünschen entwickelt. Wenn es etwas gibt, das ich tun sollte, zeige es mir. Ich möchte nur das tun, was du willst. »Ich weiß, Herr, dass das Leben eines Menschen nicht in seinen eigenen Händen liegt. Es kann auch niemand seinem Leben von sich aus eine bestimmte Richtung geben« (Jeremia 10,23). Ich möchte all das erfahren, was du mir geben möchtest, und mich nach deinen Vorstellungen entwickeln, indem ich Tag für Tag so lebe, wie es deinem vollkommenen Willen entspricht

Was ihr jetzt braucht, ist Geduld, damit ihr weiterhin nach Gottes Willen handelt. Dann werdet ihr alles empfangen, was er versprochen hat.

Hebräer 10,36

50

Beschütze mich, Herr!

Herr, bitte halte deine schützende Hand über mich. Ich vertraue auf dein Wort, das mir versichert, dass du mein Fels, meine Festung, mein Befreier, mein Schutz und meine Stärke bist. Ich möchte in deinem Schutz leben und in deinem Schatten Ruhe finden (Psalm 91,1). Hilf mir, unter deinem Schutz zu bleiben und immer im Einklang mit deinem Willen zu sein. Lass mich nie von dem Weg abkommen, den du für mich vorgezeichnet hast. Schenke mir offene Ohren für deine Stimme, damit sie mich leiten kann. Sende deine Engel, damit sie über mich wachen und mich bewahren. Lass sie mich auf Händen tragen, damit ich nicht an einen Stein stoße (Psalm 91,12).

Wenn der Herr deine Zuflucht ist, wenn du beim Höchsten Schutz suchst, dann wird das Böse dir nichts anhaben können, und kein Unglück wird dein Haus erreichen.

Psalm 91,9-10

51

Beschütze mich, Herr!

Du, Herr, bist meine Zuflucht und meine Stärke, »der uns in Zeiten der Not hilft«. Darum habe ich keine Angst, »auch wenn die Erde bebt und die Berge ins Meer stürzen« (Psalm 46,2-3). Beschütze mich vor den Plänen böser Menschen und bewahre mich vor plötzlicher Gefahr. »Gott, sei mir gnädig und erbarme dich über mich, denn bei dir suche ich Schutz. Unter den Schatten deiner Flügel will ich mich flüchten« (Psalm 57,1). Danke, dass ich wie David sagen kann: »Ich will mich in Frieden hinlegen und schlafen, denn du allein, Herr, gibst mir Geborgenheit« (Psalm 4,8).

Wenn du durch die Wasser gehst, werde ich bei dir sein. Ströme sollen dich nicht überfluten! Wenn du durchs Feuer gehst, wirst du nicht verbrennen; die Flammen werden dich nicht verzehren!

JESAJA 43,2

52

Lass mich weise Entscheidungen treffen, Herr!

Herr, ich bitte dich, dass du mir Weisheit und Einsicht in allen Dingen gibst. Ich weiß, dass Weisheit besser als Gold ist und Einsicht besser als Silber (Sprüche 16,16), daher bitte ich dich, dass du mich reich an Weisheit und Einsicht machst. Danke, dass dein Wort sagt: »Den Weisen schenkt er Weisheit und den Verständigen ihren Verstand« (Daniel 2,21). Mach mich weiser und verständiger, damit ich in jeder Situation deine Wahrheit erkennen kann. Leite mich bei jeder einzelnen Entscheidung, die ich treffen muss. Hilf mir, Herr, immer nach deinem göttlichen Rat zu fragen und nicht bei ungläubigen Menschen Hilfe zu suchen. Danke, Herr, dass du mir den Rat und die Anleitung geben wirst, die ich brauche, sogar wenn ich schlafe.

Ein Mensch, der zu Gott gehört, redet weise und gerecht. Das Gesetz seines Gottes trägt er in seinem Herzen, darum weicht er nicht vom richtigen Weg ab.

PSALM 37,30-31

53

Lass mich weise Entscheidungen treffen, Herr!

Herr, ich verehre dich und frage dich wegen allem in meinem Leben um Rat. Danke, dass du mich an die Hand nimmst, wenn ich Entscheidungen treffen muss. Wenn ich andere um Rat fragen soll, dann führe mich zu Menschen, die nach deinem Willen leben. Ich liebe dich, deine Gesetze und dein Wort. Mache mich zu einer weisen Person, die nach deinem Willen handelt.

Die Ehrfurcht vor dem Herrn ist der Anfang der Weisheit. Gott, den Heiligen, zu erkennen führt zur Einsicht.

Sprüche 9,10

54

Lass mich weise Entscheidungen treffen, Herr!

Herr, du sagst in deinem Wort: »Er schenkt den Aufrichtigen Gelingen und beschützt die Gottesfürchtigen« (Sprüche 2,7). Hilf mir, ein ehrliches und aufrichtiges Leben zu führen und deinen Geboten zu gehorchen. Hilf mir, mir nichts auf meine Weisheit einzubilden, sondern dich zu fürchten und das Böse zu meiden (Sprüche 3,7). Schenk mir Einsicht, Besonnenheit, Verständnis und Urteilsvermögen und leite mich in jeder Lebenslage, damit ich auf dem richtigen Weg bleibe und nicht finstere Pfade betrete (Sprüche 2,11-13). Herr, ich weiß, dass in dir »alle Schätze der Weisheit und Erkenntnis verborgen« liegen (Kolosser 2,3). Hilf mir, diese Schätze zu entdecken.

Ein Haus wird durch Weisheit erbaut und durch Verstand befestigt. Durch Einsicht werden seine Zimmer mit den unterschiedlichsten Reichtümern und Kostbarkeiten gefüllt.

SPRÜCHE 24,3-4

55

Befreie mich von allem Bösen, Herr!

Herr, ich danke dir dafür, dass du »mich vor jedem bösen Angriff retten und mich sicher in [d]ein himmlisches Reich bringen« wirst (2. Timotheus 4,18). Ich weiß, »wir kämpfen nicht gegen Menschen aus Fleisch und Blut, sondern gegen die bösen Mächte und Gewalten der unsichtbaren Welt, gegen jene Mächte der Finsternis, die diese Welt beherrschen, und gegen die bösen Geister in der Himmelswelt« (Epheser 6,12). Ich preise dich dafür, dass du »alles der Herrschaft von Christus unterstellt« hast (Epheser 1,22) und dass »die Wahrheit ans Licht kommt und alle Geheimnisse bekannt werden« (Matthäus 10,26). »Meine Zukunft liegt in deinen Händen. Rette mich vor meinen Feinden, die mich verfolgen« (Psalm 31,16).

Der Herr spricht: »Ich will den erretten, der mich liebt. Ich will den beschützen, der auf meinen Namen vertraut.«

Psalm 91,14

56

Befreie mich von allem Bösen, Herr!

Ich bitte dich, Herr, dass du mich von allen Abhängigkeiten oder was mich von dir trennt befreist. Ich bitte dich besonders darum, mich von (setzen Sie hier das ein, von dem Sie befreit werden möchten) zu befreien. Wo ich dem Feind selbst die Tür geöffnet habe, bereue ich dies. Ich bitte im Namen Jesu, dass jede Festung, die der Feind um mich herum errichtet hat, in sich zusammenstürzt. Mache die Dunkelheit, die vor mir liegt, hell und ebne den holprigen Weg vor mir (Jesaja 42,16). Ich bin ganz sicher, dass du das gute Werk, das du bei mir angefangen hast, auch vollenden wirst (Philipper 1,6). Schenk mir die Geduld, nicht aufzugeben, und die Kraft, mich fest an deine Zusagen zu halten.

Vertraue auf mich, wenn du in Not bist, dann will ich dich erretten, und du sollst mir die Ehre geben.

Psalm 50,15

57

Befreie mich von negativen Gefühlen, Herr!

Hilf mir, Herr, in deiner Freude und deinem Frieden zu leben. Gib mir die Kraft und die Weisheit, mich gegen Sorgen, Ärger, Unruhe, Neid, Depressionen, Bitterkeit und Gefühle von Hoffnungslosigkeit, Einsamkeit, Angst und Schuld zu wehren. Rette mich, wenn ich denke: »Ich verliere alle Hoffnung, ich bin gelähmt vor Angst« (Psalm 143,4). Ich will nicht, dass mein Leben von belastenden Gefühlen beeinträchtigt wird. Bitte zeige mir, wenn ich unguten Gefühlen nachgebe. Du hast gesagt, »wenn ihr standhaft bleibt, werdet ihr eure Seelen retten« (Lukas 21,19). Schenk mir Geduld, damit ich durchhalten kann! Hilf mir, mein Herz zu behüten, denn es beeinflusst mein ganzes Leben (Sprüche 4,23).

Der Herr wendet sich gegen die, die Böses tun. Er wird die Erinnerung an sie auslöschen. Der Herr hört sein Volk, wenn es ihn um Hilfe anfleht, und rettet es aus aller Not.

Psalm 34,17-18

58

Befreie mich von negativen Gefühlen, Herr!

Herr, hilf mir, nicht um meine Unsicherheiten und um meine Person zu kreisen, sondern mich stattdessen auf deine Liebe zu konzentrieren und darauf, wie ich sie weitergeben kann. Mach mich sensibel für die Bedürfnisse, Nöte und Schwächen anderer Menschen. Lass mich meine eigenen Befindlichkeiten nicht überbewerten. Was du am Kreuz für mich getan hast, ist für mich das Wichtigste im Leben. Hilf mir, mich immer wieder darauf zu konzentrieren. Danke, Herr, dass ich mit meinem Kummer zu dir kommen kann. »Lass mich schon am Morgen deine Gnade erfahren, denn ich vertraue auf dich. Zeige mir einen Weg, den ich gehen soll, denn ich habe dich darum gebeten« (Psalm 143,8). Lass die Freude, dich zu kennen, mein Herz mit Glück und Frieden erfüllen.

Sorgt euch um nichts, sondern betet um alles. Sagt Gott, was ihr braucht, und dankt ihm. Ihr werdet Gottes Frieden erfahren, der größer ist, als unser menschlicher Verstand es je begreifen kann. Sein Friede wird eure Herzen und Gedanken im Glauben an Jesus Christus bewahren.

PHILIPPER 4,6-7

59

Tröste mich in schwierigen Zeiten, Herr!

Herr, lass mich immer daran denken, dass du das Licht meines Lebens bist, das niemals ausgelöscht werden kann, wie dunkel und schwierig meine Situation auch sein mag. Welche dunklen Wolken sich auch auf mein Leben legen mögen, du wirst mich über das Unwetter hinausheben in deine tröstliche Gegenwart. Nur du kannst mir den Verlust, den ich empfinde, abnehmen und diese Leere mit Gutem füllen. Nur du kannst mir die Last meines Schmerzes und meiner Not nehmen und meine Tränen trocknen. »Antworte mir, wenn ich rufe, mein Gott, der du mich von Schuld freisprichst. Du hast mich aus bedrängter Lage befreit. Sei mir gnädig und höre mein Gebet« (Psalm 4,2). Ich möchte fest in deiner Wahrheit gegründet sein und mich nicht von meinen Gefühlen mitreißen lassen.

Gott segnet die, die erkennen, dass sie ihn brauchen, denn ihnen wird das Himmelreich geschenkt. Gott segnet die, die traurig sind, denn sie werden getröstet werden.

Matthäus 5,3-4

Tröste mich in schwierigen Zeiten, Herr!

Herr, hilf mir, dir für alles zu danken und daran zu denken, dass du mir in jeder Situation nahe bist. Du bist bei mir, auch wenn ich durchs Wasser gehen muss, und selbst in reißenden Strömen werde ich nicht ertrinken. Und wenn ich durchs Feuer gehen muss, werde ich nicht verbrennen, und keine Flamme wird mich verzehren (Jesaja 43,2). Ich bitte dich, du Gott der Hoffnung, dass du mich mit Freude, Zuversicht und Frieden erfüllst, damit meine »Hoffnung immer größer wird durch die Kraft des Heiligen Geistes« (Römer 15,13). Bitte erinnere mich in schwierigen Zeiten immer wieder daran, dass dein Heiliger Geist mein Tröster und Helfer ist.

Gott hat euch in seiner Gnade durch Jesus Christus zu seiner ewigen Herrlichkeit berufen. Nachdem ihr eine Weile gelitten habt, wird er euch aufbauen, stärken und kräftigen; und er wird euch auf festen Grund stellen.

1. Petrus 5,10

61

Hilf mir, Versuchungen zu widerstehen, Herr!

Herr, lass nicht zu, dass ich in Versuchung geführt werde, sondern erlöse mich von dem Bösen und seinen Plänen für mein Verderben. Im Namen Jesu breche ich jede Macht, die mich versuchen will. Mache mich stark, Herr, und gib mir die Kraft, allem zu widerstehen, das mich von dir und dem, was du mir geben möchtest, trennen will. Bitte lass mich nichts denken, wünschen, sagen oder tun, was in deinen Augen nicht recht ist. Ich möchte kein heimliches Leben haben, in dem ich Dinge tue, für die ich mich schämen würde, wenn andere sie sähen. Ich möchte mich nicht an nutzlosen Taten der Finsternis beteiligen, sondern sie aufdecken (Epheser 5,11).

Gott segnet denjenigen, der die Prüfungen des Glaubens geduldig erträgt. Wenn er sich bewährt hat, wird er das ewige Leben empfangen, das Gott denen versprochen hat, die ihn lieben.

JAKOBUS 1,12

62

Hilf mir, Versuchungen zu widerstehen, Herr!

Herr, hilf mir, dein Wort in meinem Herzen zu bewahren, damit ich nicht sündige (Psalm 119,11). Danke, Herr, dass du allen nahe bist, die aufrichtig zu dir beten, und dass du die Bitten derer erfüllst, die dir gehorchen. Danke, dass du meine Hilfeschreie hörst und mich rettest (Psalm 145,18-19). Danke, Herr, dass du weißt, wie du »die gottesfürchtigen Menschen aus der Versuchung« retten sollst (2. Petrus 2,9). Danke, dass du mich vor Versuchungen retten und mich bewahren kannst.

Vergesst nicht, dass die Prüfungen, die ihr erlebt, die gleichen sind, vor denen alle Menschen stehen. Doch Gott ist treu. Er wird die Prüfung nicht so stark werden lassen, dass ihr nicht mehr widerstehen könnt. Wenn ihr auf die Probe gestellt werdet, wird er euch eine Möglichkeit zeigen, trotzdem standzuhalten.

1. Korinther 10,13

Heile mich, Herr, und hilf mir, für meinen Körper zu sorgen!

Ich danke dir, Herr, dass du der Heiler bist. Wenn ich krank oder verletzt bin, strecke ich mich nach deiner Heilung aus. Bitte stärke und heile mich heute. Insbesondere bitte ich dich für (nennen Sie jeden Bereich, für den Sie seine heilende Kraft benötigen). Lass in Erfüllung gehen, was du durch den Propheten Jesaja angekündigt hast: »Er nahm unsere Leiden auf sich und ertrug unsere Krankheiten« (Matthäus 8,17). Du hast gelitten, du bist gestorben und auferstanden, damit ich Heilung, Vergebung und ewiges Leben empfangen kann. Durch deine Wunden bin ich geheilt worden (1. Petrus 2,24). Ich weiß, dass ich in deiner Gegenwart Heilung finden werde. Wenn ich dir nahe bin, kann ich die Hand ausstrecken und wir berühren einander.

Heile du mich, Herr, dann werde ich gesund, hilf du mir, dann ist mir geholfen. Ich preise nur dich allein!

Jeremia 17,14

64

Heile mich, Herr, und hilf mir, für meinen Körper zu sorgen!

Herr, ich gebe dir meinen Körper als ein lebendiges und heiliges Opfer, an dem du Freude hast (Römer 12,1). Hilf mir, meinen Körper in jeder Hinsicht gut zu behandeln. Hilf mir, meinen Körper nicht schlecht zu behandeln oder auf ihn herabzusehen. Ich weiß, dass mein Körper der Tempel deines Heiligen Geistes ist, der in mir wohnt. Hilf mir, diese Wahrheit wirklich zu erfassen, damit ich meinen Tempel rein und gesund erhalte.

Denn Gott hat einen hohen Preis für euch bezahlt. Deshalb ehrt Gott mit eurem Leib!

1. Korinther 6,20

65

Heile mich, Herr, und hilf mir, für meinen Körper zu sorgen!

Herr, ich wünsche mir so sehr, dass alles, was ich tue, dich verherrlicht. Hilf mir, mit meinem Körper gut umzugehen, den du mir geschenkt hast. Zeige mir, Herr, wo es lang gehen soll, und mach mich offen für das, was du mir sagen möchtest. Lass mich Menschen kennenlernen, die mir helfen oder Ratschläge geben können. Wenn ich krank bin und einen Arzt brauche, zeige mir, zu welchem ich gehen soll, und schenk ihm die Weisheit, mich richtig zu behandeln. Hilf mir, »mit der eisernen Disziplin eines Athleten« meinen Körper zu bezwingen (1. Korinther 9,27). Ich weiß, dass mein Körper der Tempel deines Heiligen Geistes ist, der in mir wohnt. Hilf mir, diese Wahrheit wirklich zu erfassen, damit ich meinen Tempel rein und gesund erhalte.

Was immer ihr esst oder trinkt oder tut, das tut zur Ehre Gottes!

1. Korinther 10,31

66

Heile mich, Herr, und hilf mir, für meinen Körper zu sorgen!

Schenk mir Weisheit und Disziplin bei allen Fragen, die meinen Körper betreffen. Ich danke dir, Herr, dass du mein Heiler bist. Insbesondere bitte ich dich für (nennen Sie jeden Bereich, für den Sie seine heilende Kraft benötigen). Lass mich Heilung in deinem Wort, im Gebet und im Glauben finden. Danke, dass du uns so unendlich liebst.

Er sprach ein Wort, und sie wurden gesund – so rettete er sie an der Schwelle des Todes.

Psalm 107,20

Befreie mich von gottloser Furcht, Herr!

Herr, du bist »mein Licht und mein Heil – vor wem sollte ich mich fürchten?« Du beschützt »mich vor Gefahr – vor wem sollte ich erschrecken?« (Psalm 27,1-3). Ich werde mutig und stark sein, denn ich weiß, du bist bei mir, wohin ich auch gehe (Josua 1,9). Mach mich frei von gottloser Furcht, denn ich weiß, dass sie nie von dir kommt. Bewahre mich vor Furchtsamkeit. Nimm mir diese Angst und ersetze sie durch deine vollkommene Liebe. Wenn ich meine Aufmerksamkeit von dir weg auf meine Umstände gerichtet habe, hilf mir, mich wieder zu dir zu wenden.

Denn Gott hat uns nicht einen Geist der Furcht gegeben, sondern einen Geist der Kraft, der Liebe und der Besonnenheit.

2. Timotheus 1,7

68

Befreie mich von gottloser Furcht, Herr!

Herr, ich weiß, dass du mir keinen furchtsamen Geist gegeben hast; also weise ich diesen zurück und berufe mich stattdessen auf die Kraft, die Liebe und den Verstand, den du mir geschenkt hast. »Wie groß ist deine Güte, die du denen bereithältst, die dich ehren, und vor den Menschen denen zeigst, die dich um Schutz bitten« (Psalm 31,20). »Da wir also ein Reich empfangen, das nicht zerstört werden kann, wollen wir dankbar sein und Gott Freude machen, indem wir ihn in Ehrfurcht vor seiner Heiligkeit anbeten« (Hebräer 12,28). Hilf mir, dein Wort so gut zu kennen, dass ich die Angst zurückweisen kann, sobald sie in meine Gedanken und Seele dringen will.

Herr, zeige mir den richtigen Weg, damit ich nach deiner Wahrheit lebe! Gib mir das Verlangen ins Herz, dich zu ehren.

Psalm 86,11

Lass mich dein Licht an andere weitergeben, Herr!

Hilf mir, Herr, dir so zu dienen, wie es dir gefällt. Zeige mir, wo ich gerade jetzt einem anderen Menschen etwas geben kann. Öffne mir die Augen für die Bedürfnisse von anderen. Gib mir ein großzügiges Herz für die Armen. Hilf mir, mit deinen Segnungen für mich richtig umzugehen, indem ich das, was ich besitze, mit anderen teile. Zeige mir, wem ich jetzt gerade helfen kann. Fülle mich mit deiner Liebe für alle Menschen und hilf mir, sie so weiterzugeben, dass man dich dadurch erkennen kann. Gebrauche mich, um andere Menschen mit der Hoffnung zu berühren, die du mir geschenkt hast.

Wir haben die wahre Liebe daran erkannt, dass Christus sein Leben für uns gegeben hat. Deshalb sollen auch wir unser Leben für unsere Brüder einsetzen.

1. JOHANNES 3,16

70

Lass mich dein Licht an andere weitergeben, Herr!

Herr, du hast gesagt: »Wo zwei oder drei zusammenkommen, die zu mir gehören, bin ich mitten unter ihnen« (Matthäus 18,20). Das ist eine großartige Zusage für uns. Du hast auch gesagt: »Wenn zwei von euch hier auf der Erde darin eins werden, eine Bitte an Gott zu richten, dann wird mein Vater im Himmel diese Bitte erfüllen« (Matthäus 18,19). Hilf mir, jemanden zu finden, mit dem ich im Gebet eins werden kann. Zeige mir Menschen, für die ich und mit denen ich beten kann. Ich möchte dir im Voraus dafür danken, dass du Gebete erhörst, wenn wir im Gebet eins werden.

Und ich sage euch auch: Wenn zwei von euch hier auf der Erde darin eins werden, eine Bitte an Gott zu richten, dann wird mein Vater im Himmel diese Bitte erfüllen.

Matthäus 18,19

Lass mich dein Licht an andere weitergeben, Herr!

Herr, zeige mir, was ich heute tun kann, um für meine Mitmenschen ein Segen zu sein. Lass mich nicht so mit meinen eigenen Dingen beschäftigt sein, dass ich blind dafür bin, was ich anderen Menschen von dir weitergeben könnte. Zeige mir, was du möchtest, dass ich tun soll, und hilf mir, es umzusetzen. Gib mir alles, was ich brauche, um anderen Menschen dein Leben, deine Hoffnung, deine Hilfe und deine Heilung weiterzugeben. Mach mich zu einer treuen Vermittlerin und lehre mich, kraftvoll zu beten. Lass mein Leben etwas in dieser Welt bewirken, weil du durch mich andere Menschen berührst zu deiner Ehre. Mein größter Schatz soll immer darin bestehen, dir dienen zu dürfen.

Gott hat jedem von euch Gaben geschenkt, mit denen ihr einander dienen sollt. Setzt sie gut ein, damit sichtbar wird, wie vielfältig Gottes Gnade ist.

1. Petrus 4,10

72

Lass mich dein Licht an andere weitergeben, Herr!

Hilf mir, deine Liebe an andere Menschen weiterzugeben, Herr. Lass mich deine Liebe durch mein Gebet weiterreichen. Sprich durch mich, wenn ich mit einer anderen Person bete, sodass sie dich spüren kann. Hilf mir, auf den Heiligen Geist zu hören, wenn er mir Wissen, Offenbarungen oder Einsicht geben will. Mache mich zu einer starken Beterin und einem Werkzeug deiner heilenden Liebe.

Ich bete darum, dass eure Liebe zueinander noch tiefer wird und dass sie an Erkenntnis und Einsicht zunimmt.

PHILIPPER 1,9

73

Hilf mir, nur aufbauende Dinge zu sagen, Herr!

Herr, bitte lass mich Dinge sagen, die aufbauen und nicht niedermachen. Hilf mir, in jeder Situation und allen Menschen gegenüber Worte zu finden, die zum Leben führen. Fülle mein Herz Tag für Tag neu mit deinem Heiligen Geist, sodass deine Liebe und deine Güte von meinem Herzen in meine Worte überfließen. Leite mich, Heiliger Geist, denn du bist der Geist der Wahrheit. »Herr, lass dir die Worte meines Mundes und die Gedanken meines Herzens gefallen! Herr, mein Fels und mein Erlöser« (Psalm 19,15). Lass meine Worte deine Reinheit und Liebe widerspiegeln.

Der König hat Freude an gerechten Worten; wer die Wahrheit sagt, den liebt er.

SPRÜCHE 16,13

74

Hilf mir, nur aufbauende Dinge zu sagen, Herr!

Hilf mir, nur über Dinge zu reden, die wahr, anständig, gerecht, rein, liebenswert, bewunderungswürdig und lobenswert sind (Philipper 4,8). Hilf mir, immer bereit zu sein, von meiner Hoffnung zu erzählen, wenn ich danach gefragt werde (1. Petrus 3,15). Hilf mir, in Liebe an der Wahrheit festzuhalten (Epheser 4,15). Erfülle mich mit deiner Liebe, sodass man sie in meinen Worten hören kann. Lass meine Worte für alle, mit denen ich spreche, voller Ermutigung und Bestätigung sein. Hilf mir, deine Güte jedem weiterzugeben.

Dann will ich allen Menschen von deiner Gerechtigkeit und Güte erzählen und dich den ganzen Tag loben.

PSALM 35,28

75

Hilf mir, nur aufbauende Dinge zu sagen, Herr!

Herr, dein Wort sagt: »Wir können unsere Gedanken sammeln, die rechte Antwort aber schenkt der Herr« (Sprüche 16,1). Ich möchte deine Gedankengänge übernehmen, indem ich Tag für Tag in deinem Wort lebe und deine Gebote befolge. Ich will mein Herz für dich bereit machen, indem ich dich in jeder Lebenslage lobe und preise. Fülle mein Herz mit Liebe, Frieden und Freude, sodass diese Dinge aus meinem Mund strömen. Ich bitte dich, dass du mir immer die richtigen Worte gibst, wenn ich rede. Zeige mir, wann ich reden soll und wann ich besser schweige. Und wenn ich rede, gib mir Worte, die Leben schenken und meine Mitmenschen aufbauen.

Freundliche Worte sind wie Honig – süß für die Seele und gesund für den Körper.

SPRÜCHE 16,24

76

Lass meinen Glauben Berge versetzen, Herr!

Lass meinen Glauben wachsen, Herr. Lehre mich, »im Glauben und nicht im Schauen« zu leben (2. Korinther 5,7). Gib mir die Kraft, mich fest auf deine Zusagen zu verlassen und jedes Wort davon zu glauben. Ich weiß, dass »der Glaube durch das Hören dieser Botschaft« kommt (Römer 10,17). Lass meinen Glauben jedes Mal wachsen, wenn ich dein Wort höre oder lese. Lass meinen Glauben wachsen, damit ich wirksam beten kann. Hilf mir zu glauben, dass deine Zusagen mir ganz persönlich gelten. Schenke, dass sich mein Glaube bewährt, wenn er »durch große Schwierigkeiten geprüft wurde«, damit er »viel Lob und Herrlichkeit und Ehre einbringen« wird (1. Petrus 1,7).

Ich versichere euch: Wenn euer Glaube auch nur so groß wäre wie ein Senfkorn, könntet ihr zu diesem Berg sagen: ›Rücke dich von hier nach da‹, und er würde sich bewegen. Nichts wäre euch unmöglich.

Matthäus 17,20

77

Lass meinen Glauben Berge versetzen, Herr!

Lass meinen Glauben wachsen, damit ich wirksam beten kann. Wenn ich mit und für andere bete, hilf mir, fest darauf zu vertrauen, dass du antworten wirst. Ich weiß, dass für dich, Gott, nichts unmöglich ist. Das bezeugt nicht nur dein Wort, sondern es zeigt sich immer wieder. Hilf mir, genügend Glauben zu haben, damit ich Berge in meinem Leben versetzen kann.

Wenn ihr glaubt, werdet ihr alles bekommen, worum ihr im Gebet bittet.

Matthäus 21,22

Lass meinen Glauben Berge versetzen, Herr!

Herr, ich weiß: »[Der Glaube] ist das Vertrauen darauf, dass das, was wir hoffen, sich erfüllen wird, und die Überzeugung, dass das, was man nicht sieht, existiert« (Hebräer 11,1). Ich weiß auch, dass Gott mich »durch den Glauben gerettet« hat und dass dies dein Geschenk ist (Epheser 2,8). Hilf mir, das Vertrauen auf dich wie einen Schild vor mich zu halten, mit dem ich alle feurigen Pfeile des Satans abwehren kann (Epheser 6,16). Dein Wort sagt, »was nicht im Glauben geschieht, ist Sünde« (Römer 14,23). Hiermit möchte ich dir jeden Zweifel, den ich habe, als Sünde bekennen und dich bitten, mir zu vergeben. Ich will das, was du in mir und durch mich tun willst, nicht durch Zweifel blockieren. Lass meinen Glauben täglich wachsen, damit ich in deinem Namen Berge versetzen kann.

Da wir nun durch den Glauben von Gott für gerecht erklärt worden sind, haben wir Frieden mit Gott durch das, was Jesus, unser Herr, für uns tat.

RÖMER 5,1

79

Lass meinen Glauben Berge versetzen, Herr!

Herr, ich möchte immer mit deiner Leitung beten. Wenn ich bete, schenke mir ein großes Vertrauen darauf, dass du antworten wirst. Ich weiß, »dass es unmöglich ist, ohne Glauben Gott zu gefallen« (Hebräer 11,6), und ich möchte dir unbedingt gefallen. Ich glaube daran, dass du meine Gebete hörst und antworten wirst. Ich glaube daran, dass es eine große Belohnung geben wird für »die, die ihn aufrichtig suchen« (Hebräer 11,6).

Ihr seht also, dass es unmöglich ist, ohne Glauben Gott zu gefallen. Wer zu ihm kommen möchte, muss glauben, dass Gott existiert und dass er die, die ihn aufrichtig suchen, belohnt.

Hebräer 11,6

Mach mich Jesus ähnlicher, Herr!

Ich möchte verändert werden, Herr, und ich bitte dich, dass diese Veränderungen heute beginnen. Ich weiß, dass ich mich selbst nicht wesentlich auf Dauer ändern kann, aber durch die Kraft deines Heiligen Geistes sind alle Dinge möglich. Ich bitte dich, dass du mir aus deinem »großen Reichtum die Kraft« gibst, durch deinen »Geist innerlich stark zu werden« (Epheser 3,16). Ich weiß, dass du mir aus deinem großen Reichtum, den wir in Jesus haben, geben wirst, was ich brauche (Philipper 4,19). Hilf mir, mich von der Welt zu unterscheiden, ohne mich von meinen Mitmenschen zu isolieren oder mich von ihnen abzuwenden. Lass deine Liebe durch mich hindurchscheinen und deine Größe widerspiegeln.

Ich lebe, aber nicht mehr ich selbst, sondern Christus lebt in mir. Ich lebe also mein Leben in diesem irdischen Körper im Glauben an den Sohn Gottes, der mich geliebt und sich selbst für mich geopfert hat.

Galater 2,20

Mach mich Jesus ähnlicher, Herr!

Herr, lehre mich, andere so zu lieben, wie du es tust. Mache mein Herz weich, wo es hart geworden ist. Leite und unterweise mich, wo ich unbelehrbar geworden bin. Mache mich zu einem treuen, gebenden und gehorsamen Menschen, wie Jesus es war. Wo ich mich gegen Veränderungen wehre, hilf mir, deinem Wirken in meinem Leben zu vertrauen. Lass dein Licht so hell in mir scheinen, dass ich ein Licht für alle werde, die mich kennen. Ich möchte wie Paulus sagen: »Ich lebe, aber nicht mehr ich selbst, sondern Christus lebt in mir« (Galater 2,20). Mache mich Jesus so ähnlich, dass die Menschen, die mir begegnen, dich unbedingt besser kennenlernen wollen.

Denn der Geist Gottes selbst bestätigt uns tief im Herzen, dass wir Gottes Kinder sind. Und als seine Kinder sind wir auch Miterben an seinem Reichtum – denn alles, was Gott seinem Sohn Christus gibt, gehört auch uns. Doch wenn wir an seiner Herrlichkeit teilhaben wollen, müssen wir auch seine Leiden mit ihm teilen.

Römer 8,16-17

Befreie mich von den Fesseln meiner Vergangenheit, Herr!

Herr, ich bitte dich, dass du mich von meiner Vergangenheit befreist. Du weißt, Herr, wie ich mit meiner Vergangenheit noch verhaftet bin – bitte mach mich frei, heile mich und erlöse mich davon. Hilf mir, alles loszulassen, was mich daran hindert, das Leben zu führen, das du für mich im Sinn hast. Ich möchte meine frühere Lebensweise ablegen und mein Denken verändern lassen. Hilf mir, ein neues Wesen anzunehmen, das du nach deinem Bild geschaffen hast (Epheser 4,22-24). Mach mich durch deinen Heiligen Geist darauf aufmerksam, wenn ich von den Erinnerungen an Vergangenes beherrscht werde. Ich übergebe dir meine ganze Vergangenheit und alle Menschen, die dazugehören, damit du erneuern kannst, was verloren gegangen ist.

Das bedeutet aber, wer mit Christus lebt, wird ein neuer Mensch. Er ist nicht mehr derselbe, denn sein altes Leben ist vorbei. Ein neues Leben hat begonnen!

2. Korinther 5,17

Befreie mich von den Fesseln meiner Vergangenheit, Herr!

Herr, schenke mir so viele Jahre der Freude, wie ich vorher Elend zu erleiden hatte (Psalm 90,15). Danke, dass du alles neu machst (Offenbarung 21,5) und dass du auch mich in jeder Hinsicht neu machst. Hilf mir, den Blick fest nach vorn zu richten und nicht auf vergangene Ereignisse und Verhaltensweisen zurückzuschauen. Ich weiß, dass du heute etwas Neues in meinem Leben tun willst. Hilf mir, mich darauf zu konzentrieren, wo ich hingehen soll, nicht darauf, wo ich herkomme. Befreie mich von der Vergangenheit, damit ich sie hinter mir lassen und so leben kann, wie du es möchtest.

Denkt nicht mehr daran, was war und grübelt nicht mehr nach über das Vergangene. Seht hin; ich mache etwas Neues, schon keimt es auf. Seht ihr es nicht? Ich bahne einen Weg durch die Wüste und lasse Flüsse in der Einöde entstehen.

JESAJA 43,18-19

84

Führe mich in deine Zukunft, Herr!

Ich lege meine Zukunft in deine Hände, Herr, und ich bitte dich, dass du mir vollkommenen Frieden darüber schenkst. Ich möchte, dass *deine* Pläne für mein Leben Wirklichkeit werden, und ich möchte in dem Vertrauen ruhen, dass du mir alles gibst, was ich brauche. Bitte gib mir die Kraft, durchzuhalten und nicht aufzugeben. Du hast gesagt: »Wer bis zum Ende durchhält, wird gerettet werden« (Matthäus 10,22). Hilf mir, bei dem Wettrennen das Ziel zu erreichen und den Siegespreis zu gewinnen, den du für mich hast (1. Korinther 9,24). Hilf mir, besonnen und klar zu sein, damit mich nichts am Beten hindert, denn ich weiß nicht, wie lange ich noch auf dieser Welt leben werde (1. Petrus 4,7).

Der Weg der Gottesfürchtigen ist wie der erste Sonnenstrahl am Morgen, der immer heller leuchtet, bis das volle Licht des Tages erstrahlt.

SPRÜCHE 4,18

Teil II

Das Gebet, das alles verändert

85

Weil Gott mein Schöpfer ist

Herr, danke, dass du mich geschaffen und mir das Leben geschenkt hast. »Du hast alles in mir geschaffen und hast mich im Leib meiner Mutter geformt« (Psalm 139,13). Ich lobe dich, »dass du mich so herrlich und ausgezeichnet gemacht hast« (Psalm 139,14). Ich danke dir für jeden Atemzug, und ich danke dir, dass ich zu Gutem geschaffen wurde. Hilf mir, nach deinem Ebenbild erneuert zu werden, mein Schöpfer (Kolosser 3,10). Ich weiß, dass du mich dazu geschaffen hast, so viel mehr zu sein, als ich jetzt bin, und dass du mir helfen wirst, das umzusetzen. Danke, Jesus, dass du »bereits da [warst], noch bevor Gott irgendetwas erschuf, und ... [du] der Erste aller Schöpfung« bist (Kolosser 1,15).

Durch ihn hat Gott alles erschaffen, was im Himmel und auf der Erde ist. Er machte alles, was wir sehen, und das, was wir nicht sehen können, ob Könige, Reiche, Herrscher oder Gewalten. Alles ist durch ihn und für ihn erschaffen.

Kolosser 1,16

86

Weil Gott mein Schöpfer ist

Herr, ich bete dich an als den Schöpfer des Himmels und der Erde. Alles hast du geschaffen, und alles ist gut. Ich lobe dich für deine ganze wunderbare Schöpfung. Du hast »die Erde auf ein festes Fundament gestellt, sodass sie durch nichts mehr zu erschüttern ist« (Psalm 104,5). Deine »Hand hat die Erde gegründet, und [deine] Rechte hat den Himmel ausgespannt« (Jesaja 48,13). Du rufst, und alles steht da (Jesaja 48,13). Danke, dass du uns mit Licht und Dunkelheit, mit Sonne und Regen, mit Nahrung und Wasser, mit Land und Meer, mit Bäumen und Blumen, mit Tagen und Jahreszeiten segnest. »Der Himmel ist dein und die Erde ist dein; alles auf Erden gehört dir; du hast es erschaffen« (Psalm 89,12). »Herr, welche Vielfalt hast du geschaffen! In deiner Weisheit hast du sie alle gemacht. Die Erde ist voll von deinen Geschöpfen« (Psalm 104,24).

Denn deine Gnade ist so groß wie der Himmel und deine Treue reicht bis zu den Wolken.

Psalm 57,11

87

Weil Gott mein himmlischer Vater ist

Himmlischer Vater, ich bete dich heute an. Du bist mir näher, als es ein irdischer Vater je könnte. Danke, dass du als mein Vater genau verfolgst, was mit mir geschieht. Du versorgst mich, du lehrst mich, du planst meine Zukunft, du versorgst mich mit allem, was ich brauche. Weil du mich liebst, wirst du nie meinen Ungehorsam gegenüber deinen Regeln durchgehen lassen. Danke, denn du »hast mir einen Anteil von dem Erbe gegeben, das für die bestimmt ist, die deinen Namen achten« (Psalm 61,6). »Herr, du allein bist mein Besitz, mein Becher, angefüllt mit Segen. Du bewahrst mein Erbe. Das Land, das du mir geschenkt hast, ist ein schönes Land und ein wunderbarer Besitz!« (Psalm 16,5-6).

Seid nicht wie sie, denn euer Vater weiß genau, was ihr braucht, noch bevor ihr ihn darum bittet!

Matthäus 6,8

88

Weil Gott mein himmlischer Vater ist

Herr, hilf mir, meinem irdischen Vater alles zu vergeben, was er mir angetan hat. Zeige mir, ob ich ihm unbewusst etwas nachtrage. Als dein Kind möchte ich so gern, dass du stolz auf mich bist. Hilf mir, immer das zu tun, was dir gefällt. Ich will mich fernhalten von allem, was mich von dir trennt (2. Korinther 6,17-18). Danke, dass du mich vorherbestimmt hast, dein Kind zu sein durch Jesus Christus nach dem Wohlgefallen seines Willens (Epheser 1,5). Ich lobe und preise dich als meinen Vater, Gott, und ich danke dir unaufhörlich für alles, besonders für deine Vaterliebe (Epheser 5,20).

Er wird euch jeden Tag alles Nötige geben, wenn das Reich Gottes für euch das Wichtigste ist. Hab also keine Angst, kleine Herde. Denn es macht eurem Vater große Freude, euch das Reich Gottes zu schenken.

Lukas 12,31-32

Weil Gott mich liebt

Ich kann nur staunen, dass du mich so sehr liebst, obwohl ich nichts getan habe, um deine Liebe zu verdienen. »Was ist der Mensch, dass du so großes Aufheben um ihn machst? Warum achtest du auf ihn?« (Hiob 7,17). Danke, dass du meine Wege siehst und alle meine Schritte zählst (Hiob 31,4). Danke, dass deine Gnade lebenslang währt (Psalm 30,6). Oh, Herr, »deine Gnade bedeutet mir mehr als das Leben; dich preise ich von ganzem Herzen! Ich will dich ehren, solange ich lebe, und meine Hände im Gebet zu dir erheben« (Psalm 63,4-5). Herr, ich liebe dich mit meinem ganzen Herzen, mit meinem ganzen Verstand und mit meiner ganzen Seele, und ich bete dich an als meinen Gott der Liebe.

Kann eine Mutter etwa ihren Säugling vergessen? Fühlt sie etwa nicht mit dem Kind, das sie geboren hat? Selbst wenn sie es vergessen würde, vergesse ich dich nicht! Sieh, ich habe dich in meine Handflächen gezeichnet. Das Bild deiner Mauern habe ich immer vor Augen.

Jesaja 49,15-16

90

Weil Gott mich liebt

Herr, ich bete dich an, und ich danke dir, dass du der Gott der Liebe bist. Danke, dass du mich geliebt hast, bevor ich dich überhaupt kannte. Ich lobe dich besonders dafür, dass du deinen einzigen Sohn für mich geopfert hast. Eine größere Liebe kann es nicht geben. Wie oft habe ich mich in meinem Leben ungeliebt gefühlt; aber deine Liebe heilt diese Verletzungen. Ich weiß, egal, was mir auch immer geschieht, du wirst mich immer lieben. Dafür will ich dir »von ganzem Herzen danken und von deinen Wundern erzählen. Ich will mich über dich freuen und deinen Namen loben, du Höchster« (Psalm 9,2-3).

Und das ist die wahre Liebe: Nicht wir haben Gott geliebt, sondern er hat uns zuerst geliebt und hat seinen Sohn gesandt, damit er uns von unserer Schuld befreit.

1. Johannes 4,10

91

Weil Gott sein Leben für mich gegeben hat

Ich bete dich an, Herr, und ich danke dir, dass du mich schon vor der Erschaffung der Welt erwählt hast, um heilig und ohne Schuld in deinen Augen zu sein. Danke, dass du mich wegen deiner großen Liebe dazu auserwählt hast, als dein Kind nach deinem Willen angenommen zu werden. Danke, Jesus, dass ich durch dich und dein Blut erlöst bin. Herr, ich weiß, dass ich gesündigt und das Leben in der Herrlichkeit Gottes verloren habe (Römer 3,23). Danke, dass du mir vergeben hast. Danke, dass du mir mit Christus neues Leben schenkst, obwohl ich durch meine Sünden tot war (Epheser 2,4-5). Danke für deine reiche Gnade und Barmherzigkeit, mit der du mich überschüttest.

Denn Gott hat die Welt so sehr geliebt, dass er seinen einzigen Sohn hingab, damit jeder, der an ihn glaubt, nicht verloren geht, sondern das ewige Leben hat.

Johannes 3,16

92

Weil Gott sein Leben für mich gegeben hat

Herr, danke, dass du deinen Sohn als meinen Erlöser und Retter geschickt hast. Ich lobe dich, Jesus, für das Opfer, das du gebracht hast, und für das unvorstellbare Leiden und den Tod, den du freiwillig am Kreuz für mich ertragen hast. Nur durch dich ist mir vergeben und habe ich jetzt Frieden mit meinem Schöpfer. »Du gibst mir rettenden Schutz und durch deine Hilfe hast du mich stark gemacht. Du hast den Weg für meine Füße geebnet, damit ich nicht stürze« (2. Samuel 22,36-37). Herr, ich danke dir, dass ich durch deinen Sohn Jesus Christus gerettet und mit dir versöhnt bin (Römer 5,10-11).

Gelobt sei der Gott und Vater unseres Herrn Jesus Christus, denn er hat uns in seiner großen Barmherzigkeit das Vorrecht geschenkt, wiedergeboren zu werden. Jetzt haben wir eine lebendige Hoffnung, weil Jesus Christus von den Toten auferstanden ist. Denn Gott hat für seine Kinder ein unvergängliches Erbe, das rein und unversehrt im Himmel für euch aufbewahrt wird.

1. Petrus 1,3-4

93

Weil Gott mir vergeben hat

Danke, dass du immer bereit bist, mir zu vergeben und mich zu einem heilen Menschen zu machen. Danke, dass du mir meine Sünden deutlich machst, damit ich demütig vor dich kommen und sie bekennen kann. Danke, dass du mich immer wieder annimmst, wenn ich Buße tue und dich um deine Vergebung bitte, auch wenn ich noch so weit von deinen Wegen abgekommen bin. Vergib mir heute meine Sünden. Erinnere mich daran, wenn ich von deinen Geboten abweiche, damit ich meine Schuld bekennen, umkehren und deine Vergebung empfangen kann. Ich will nicht, dass eine Sünde zwischen dir und mir steht. Ich will nie getrennt von dir leben. Mache mich frei von allem, was nicht von dir ist. Ich bete dich an, Herr, mein Erlöser, der mir vergibt.

Doch wenn wir ihm unsere Sünden bekennen, ist er treu und gerecht, dass er uns vergibt und uns von allem Bösen reinigt.

1. Johannes 1,9

94
Weil Gott mir vergeben hat

Herr, ich bete dich an als den großen Gott meines Lebens. Du wachst über mein Herz und vergibst meiner Seele. Ich lobe dich dafür, dass du deinen Sohn gesandt hast, der für mich gestorben ist, damit ich Vergebung bekommen kann. Danke, dass du mir mein Unrecht vergibst und nie wieder an meine Sünden denkst (Hebräer 8,12). Ich weiß, dass ich wegen meiner Schuld tot war, aber du, Gott, hast mich mit Christus lebendig gemacht und mir alle meine Schuld vergeben (Kolosser 2,13). Ich bin dankbar, dass es jetzt für die, die zu Jesus gehören, keine Verurteilung mehr gibt (Römer 8,1). Danke, dass die Macht des Geistes, der Leben gibt, mich durch Jesus von der Macht der Sünde befreit, die zum Tod führt (Römer 8,2). Ich lobe dich als meinen Herrn und wunderbaren Gott der Vergebung.

Gott, erschaffe in mir ein reines Herz und gib mir einen neuen, aufrichtigen Geist.

Psalm 51,12

95

Weil Gott mir seinen Heiligen Geist gegeben hat

Herr, fülle mich heute neu mit deinem Geist. Ich lasse alles andere los und öffne mich für dich. Gib mir die Kraft, den Versuchungen immer zu widerstehen, die mich von deinem Weg abbringen wollen. Ich will das, was du in meinem Leben tun willst, nicht behindern. Hilf mir, immer für deine Gegenwart offen zu sein, und lass mich immer deine klare Leitung erkennen. Ich will meine Liebe zu dir zeigen, indem ich dich anbete und lobe. Lehre mich alles, was ich wissen muss, um dich so anzubeten, wie es dir gefallt.

Und ich werde den Vater bitten, und er wird euch einen anderen Ratgeber geben, der euch nie verlassen wird.

JOHANNES 14,16

96

Weil Gott mir den Heiligen Geist gegeben hat

Herr, ich bete dich an, lobe dich und danke dir für deinen Heiligen Geist in meinem Leben. Danke, Jesus, dass du mir den Tröster und Beistand gesandt hast, der mich jeden Tag lehrt und führt. Ich lobe dich für die Weisheit, Offenbarung und die Erkenntnisse, die du mir schenkst. Ich liebe dich und die Freude, die du in mein Leben bringst (1. Thessalonicher 1,6). Danke, dass du mich mit dem Siegel deines Heiligen Geistes als dein Eigentum bestätigst (Epheser 1,13). Ich weiß, dass ich deine Pläne nur erkennen kann, weil du in mir wohnst. Danke, Herr, für deinen Heiligen Geist in mir.

Und in dieser Hoffnung werden wir nicht enttäuscht werden. Denn wir wissen, wie sehr Gott uns liebt, weil er uns den Heiligen Geist geschenkt hat, der unsere Herzen mit seiner Liebe erfüllt.

Römer 5,5

Weil Gott mir sein Wort gegeben hat

Herr, deine Gebote sind vollkommen. Sie verändern mein Herz, sie bereichern meine Seele und machen mich lebensklug. Deine Anordnungen sind alle richtig, tragfähig und schenken Leben. Das macht mich froh. Sie leiten mich, und ich finde großen Frieden, wenn ich sie befolge (Psalm 19,8-12). Hilf mir, dass ich festhalte »am Wort des Lebens ..., damit ich mich, wenn Christus wiederkommt, freuen kann, dass ich das Rennen nicht verloren habe und meine Arbeit nicht vergeblich war« (Philipper 2,16). »Vor deinem heiligen Tempel werfe ich mich nieder und bete dich an. Ich preise deinen Namen für deine Gnade und Treue, denn du hast versprochen, deine Zusagen einzuhalten um der Ehre deines Namens willen« (Psalm 138,2). Danke, dass dein Wort ewig Bestand hat, weil du, Herr, das lebendige Wort bist, das immer war und immer sein wird.

Das Gesetz des Herrn ist vollkommen, es erfrischt die Seele. Die Ratschlüsse des Herrn sind zuverlässig und schenken den Unverständigen Weisheit.

Psalm 19,8

98

Weil Gott mir sein Wort gegeben hat

Herr, stelle eine Gruppe von Betern zusammen, die jederzeit zum Beten bereit ist und in der Einheit und der Kraft deines Geistes etwas bewirken kann. Hilf uns, an deinem Wort, das eine starke Waffe ist, während des Betens festzuhalten. »Wenn Gott für uns ist, wer kann da noch gegen uns sein?« (Römer 8,31). Danke, Herr, dass ich mich immer auf dein Wort als die absolute Wahrheit verlassen kann.

Wir setzen die mächtigen Waffen Gottes und keine weltlichen Waffen ein, um menschliche Gedankengebäude zu zerstören.

2. Korinther 10,4

99

Weil Gott sein Wort gegeben hat

Ich lobe dich und danke dir für dein Wort. Es ist herrlich, dass es mich durch mein Leben führt. Ich habe meine Lust an deinem Gesetz. Hilf mir, Tag und Nacht darüber nachzudenken (Psalm 1,2). »Ich habe Freude an deinen Weisungen, denn sie sind mir gute Ratgeber« (Psalm 119,24). Hilf mir, voll zu erfassen, was ich in deinem Wort lese. Zeige mir alles, was ich wissen muss. »Öffne mir die Augen, damit ich die herrlichen Wahrheiten in deinem Gesetz erkenne« (Psalm 119,18). Danke, dass ich jedes Mal, wenn ich dein Wort lese, dich besser kennenlerne. Dein Wort ist ein Liebesbrief an mich, der mir deutlich macht, wie sehr du mich liebst. Jedes Mal, wenn ich ihn lese, liebe ich dich mehr.

Die dein Gesetz lieben, haben großen Frieden, sie werden nicht zu Fall kommen.

Psalm 119,165

100

Weil Gott ein gütiger Gott ist

Hilf mir, darauf zu vertrauen, dass du ein guter Gott bist, egal, was mir widerfährt. Hilf mir, ohne jeden Zweifel zu glauben, dass selbst bei einem Unglück deine Güte inmitten dieser schrecklichen Umstände herrscht. Danke, dass deine Pläne mir zum Besten dienen. Danke, dass du mir eine gute Zukunft geben möchtest. Danke, dass du gute Dinge in mein Leben bringst. Offenbare mir deine Güte immer mehr, damit ich dich dafür loben kann. »Wie groß ist deine Güte, die du denen bereithältst, die dich ehren, und vor den Menschen denen zeigst, die dich um Schutz bitten« (Psalm 31,20). Oh Herr, wie herrlich ist dein Name auf der ganzen Erde (Psalm 8,2).

Sie sollen dem Herrn für seine Gnade danken und für die Wunder, die er an ihnen getan hat.

Psalm 107,8

101

Weil Gott ein gütiger Gott ist

Herr, ich weiß, dass du auch dann ein gütiger Gott bist, wenn ich durch schlechte oder schwierige Zeiten gehe. Ich bin mir sicher, dass nichts außer dir gut ist. Hilf mir, deiner Güte zu vertrauen, egal, was in meinem Leben oder um mich herum geschieht. Danke für all das Gute, das du mir täglich schenkst.

Ich wusste, dass du ein gnädiger und barmherziger Gott bist, dass du geduldig und voller Gnade bist, weil du das Unheil bedauerst.

Jona 4,2

102

Weil Gott ein gütiger Gott ist

Ich lobe dich für deine Größe und deine Güte. Danke, dass du ein guter Gott bist, und dass deine Gnade ewig bestehen bleibt (Psalm 118,1). Hilf mir, nie zu vergessen, wie viel Gutes du mir getan hast und wie sehr du mein Leben mit Gutem erfüllt hast. Herr, wie damals David wünsche ich mir, dass ich alle Tage meines Lebens in deinem Haus bleiben darf, um deine Freundlichkeit zu sehen und um in deinem Tempel still zu werden (Psalm 27,4). Heute betrete ich mit Danksagung deine Tore und deine Vorhöfe mit Lobgesang. Ich lobe deinen Namen, denn du bist gut. Deine Gnade hört niemals auf, und deine Treue gilt für immer (Psalm 100,4-5). Du bist mein Gott und mein Herr, du bist voll Liebe und Erbarmen. Du hast Geduld, deine Güte und Treue sind groß (2. Mose 34,6).

Der Herr ist gut zu denen, die auf ihn warten und ihn suchen.

KLAGELIEDER 3,25

Weil Gott ein gütiger Gott ist

Herr, gieße deinen Heiligen Geist über dieses Land aus. Lass Menschen, die noch nicht zu dir gehören, deinen Sohn Jesus kennenlernen. Lass uns wachsen und schenke uns deinen Segen, auch wenn ich weiß, dass unser Land dies nicht verdient hat. Nur wegen deiner Güte erhalten wir nicht das, was wir eigentlich verdient hätten. Danke, dass du die Gerechten beschützt und ihre Gebete erhörst (1. Petrus 3,12). Schenke, dass deine Liebe und dein Frieden in unseren Herzen immer mehr wachsen, damit wir ein gutes Zeugnis deiner Güte werden können.

Ganz sicher ist sein Heil bei denen, die ihm die Ehre geben, und unser Land wird von seiner Herrlichkeit erfüllt sein.

Psalm 85,10

Weil Gott heilig ist

Hilf mir, heilig zu sein, wie du heilig bist. Mache mein Herz vor dir »heilig und makellos« (Kolosser 1,22). Gib mir rechtschaffene Hände und ein reines, demütiges Herz. Du bist mächtig und tust große Dinge für mich; heilig ist dein Name (Lukas 1,49). Ich erhebe deinen heiligen Namen über alle Namen und bringe dir Lob und Dank, sooft ich daran denke. »Wer sollte dich nicht fürchten, Herr, und deinen Namen verherrlichen? Denn du allein bist heilig« (Offenbarung 15,4). Ich gebe deinem herrlichen Namen die Ehre, und ich bete dich in deinem heiligen Glanz an (Psalm 29,2). »Herr, du bist mein Gott, ich will dich erheben und deinen Namen preisen. Denn du hast unfassbare Dinge ... vollbracht« (Jesaja 25,1).

Sie sollen deinen großen und gewaltigen Namen preisen, denn er ist heilig! Preist den Herrn, unseren Gott! Fallt vor ihm nieder, denn er ist heilig!

Psalm 99,3.5

105

Weil Gott heilig ist

Heilig, heilig, heilig bist du, Herr, und würdig, gepriesen zu werden. Ich bete dich an und danke dir, dass du vollkommen, schön, rein und wunderbar bist. Hab Dank, dass du deine Heiligkeit mit mir teilen willst. Herr, ich brauche deine Heiligkeit, damit sie mein Leben durchdringt und alles Unheilige vertreibt. Nimm jede Einstellung, jede verborgene Sünde in meinem Denken, jede Aktivität und jedes Verhalten, das du nicht willst. Ich weiß, dass du mich dazu berufen hast, heilig zu leben und nicht ein unreines Leben zu führen (1. Thessalonicher 4,7). Zeige mir den Weg zur Heiligkeit in meinem Leben.

Ehrt den herrlichen Namen des Herrn. Betet den Herrn an in seinem heiligen Glanz.

Psalm 29,2

Weil Gott allmächtig ist

Herr, du hast immer wieder betont, dass du die Macht hast (Psalm 62,12). »Dein, Herr, sind Größe, Macht, Herrlichkeit, Ruhm und Hoheit. Alles im Himmel und auf der Erde gehört dir; dein ist das Reich, Herr. Wir beten dich an als den Herrn über alles« (1. Chronik 29,11). Ich weiß, dass durch die Kraft deines Geistes alle Dinge möglich sind. Ich danke dir, »Herr, Gott, Allmächtiger, der ist und der immer war, denn jetzt hast du von deiner großen Macht Gebrauch gemacht und deine Herrschaft angetreten« (Offenbarung 11,17). »Herr, zeige dich in deiner Macht, wir wollen singen und deine mächtigen Taten loben« (Psalm 21,14). Gott, meinem Erlöser, »gehören Ehre, Majestät, Macht und Gewalt; schon vor aller Zeit, jetzt und in Ewigkeit!« (Judas 1,25). Ich lobe und erhebe dich als den allmächtigen Herrn meines Lebens. Dir gehören das Reich und die Macht und die Herrlichkeit in Ewigkeit (Matthäus 6,13).

Vertraut auf die Kraft Gottes … und nicht auf menschliche Weisheit.

1. Korinther 2,5

Weil Gott allmächtig ist

»Herr, zeige mir die Wege, die ich gehen soll, und weise mir die Pfade, denen ich folgen soll« (Psalm 25,4-5). Es gibt nichts, was für dich zu schwierig wäre. Deshalb bitte ich dich, dass die Länder dieser Erde zusammenkommen können und Frieden schließen. Schenke den verschiedenen Nationen und ihren Menschen Frieden.

Gott, sei uns gnädig und segne uns. Er lasse sein Angesicht gnädig über uns leuchten. Auf der ganzen Welt soll dein Weg bekannt werden, alle Menschen sollen sehen, wie du hilfst.

Psalm 67,2-3

Weil Gott allmächtig ist

Herr, ich lobe heute deinen heiligen Namen. Du bist der allmächtige Gott. Du bist der allmächtige Herr des Himmels und der Erde. Für dich ist nichts unmöglich. Es gibt nichts, was du nicht tun kannst. »Unser Herr ist groß und seine Macht ist gewaltig! Seine Erkenntnis übersteigt alles, was wir begreifen können!« (Psalm 147,5). Herr, ich danke dir, dass du mich »durch deine große Kraft und mit deiner starken Hand erlöst hast« (Nehemia 1,10). Du hast einen mächtigen Arm (Psalm 89,14), und du herrschst durch deine Macht (Psalm 65,7). Du bist der Töpfer und ich bin der Ton (Jesaja 64,7), und ich gebe dir die volle Herrschaft über mein Leben. Forme mich, wie es dir gefällt. Ich übergebe dir mein Leben und lege es in deine Hände.

Ich bin der Herr, der Gott aller Völker der Welt. Sollte mir irgendetwas unmöglich sein?

Jeremia 32,27

109

Weil Gott bei mir ist

Herr, du bist alles, was ich möchte. Nur bei dir zu sein, verändert alles in mir. Die Sehnsucht nach dir weckt in mir das Verlangen, von allem frei zu sein, das meine Aufmerksamkeit von dir weglenken könnte. Herr, ich komme heute ganz in deine Nähe. Danke, dass du versprichst, mir nahe zu sein. Mit dir bin ich nie allein. Ich liebe deine Heiligkeit, Herr. Ich liebe deine Schönheit. Mit Freude schöpfe ich Wasser aus den Quellen deines Heils (Jesaja 12,3). Hilf mir, mich immer sofort an dich zu wenden, wenn ich in meinem Herzen Sehnsucht spüre. Ich will keine Zeit mit anderen Dingen vergeuden, die nie mein Bedürfnis nach deiner Nähe befriedigen könnten. Ich vertraue auf dich, Herr (Psalm 33,20).

Ich habe dich schon immer geliebt. Deshalb habe ich dir meine Zuneigung so lange bewahrt.

JEREMIA 31,3

110

Weil Gott bei mir ist

Herr, ich bete dich an, und ich lobe dich als Immanuel, mein Gott, der bei mir ist. Ich sehne mich nach mehr von dir. Ich suche dich, und ich dürste nach dir wie nach Wasser in einem dürren Land. Ich will unter dem sanften Wasserfall deines Geistes stehen und den zarten Wasserstrahl deiner Liebe über mich hinwegströmen lassen. Ich will in dem Strom deines Geistes untertauchen. Ich will dir so nahe sein, dass ich deinen Herzschlag fühlen kann. Du bist die einzige Antwort auf die Leere, die ich fühle, wenn ich nicht bei dir bin. Ich sehne mich nach der Fülle deines Seins. Nach deiner vertrauten Umarmung sehne ich mich.

Seht! Die Jungfrau wird ein Kind erwarten! Sie wird einem Sohn das Leben schenken, und er wird Immanuel genannt werden. Das heißt, Gott ist mit uns.

Matthäus 1,23

Weil Gott meinem Leben einen Sinn gibt

Herr, zeige mir bitte, was ich tun soll, und hilf mir, es gut zu tun. Ich will nicht, dass meine eigenen Träume und Pläne für die Zukunft sich deinen Absichten in den Weg stellen (Prediger 5,7). Ich weiß, du willst, dass wir barmherzig sind, unsere Opfer aber willst du nicht. Du willst, dass wir deinen Willen erkennen, und du willst nicht, dass wir dir Brandopfer bringen (Hosea 6,6). Ich sehne mich danach, dich mehr zu kennen und immer mehr dem Vorbild deines Sohnes zu gleichen. Lass deine Güte und deine Heiligkeit auf mir ruhen. »Der Herr, unser Gott, schaue freundlich auf uns und lasse unsere Arbeit gelingen« (Psalm 90,17). Führe mich in deine Zukunft. Ich will jeden Tag in deiner Gegenwart leben. Danke, dass du etwas mit mir vorhast. Danke, dass ich jedes Mal, wenn ich dich anbete, deiner Berufung gerecht werde.

Denn wir sind Gottes Schöpfung. Er hat uns in Christus Jesus neu geschaffen, damit wir zu guten Taten fähig sind, wie er es für unser Leben schon immer vorgesehen hat.

Epheser 2,10

112

Weil Gott meinem Leben einen Sinn gibt

Gott, ich bete dich an als meinen Herrn und König. Ich lobe dich, weil du allwissend bist und am Anfang schon das Ende sehen kannst. Weil du durch deine Macht alle Dinge erhältst. Weil du mein Leben in deiner Hand hältst. Weil du meine Vergangenheit und meine Zukunft siehst. Ich gebe alles, was ich bin, dir hin und schenke dir mein Leben. Mache mich zu deinem Werkzeug, durch das dein Wille auf Erden geschieht. Benutze, was ich habe, zu deiner Herrlichkeit. Erhebe mich über die Dinge, damit ich sie aus deiner Perspektive sehe, und hilf mir, meine Grenzen zu überwinden. Ich will nicht einschränken, was du in mir und durch mich tun kannst, denn mir fehlt die angemessene Sicht für das, was du tun möchtest.

Wir hören nicht auf, für euch zu beten, dass unser Gott euch für das Leben bereit macht, zu dem er euch berufen hat. Und wir beten, dass Gott eure guten Absichten und das, was ihr aus dem Glauben heraus tut, mit seiner Kraft erfüllt.

2. Thessalonicher 1,11

113

Weil Gott alles heil macht

Herr, ich danke dir für die vielen Male, in denen du mein Leben vor Zerstörung bewahrt hast. Für die vielen Male, in denen du mich mit deiner Freundlichkeit und liebevollen Barmherzigkeit überschüttet hast (Psalm 103,1-5). Alles in mir lobt deinen heiligen Namen, denn du bist der Herr, mein Erlöser, der alle Dinge gemacht hat, auch mein Leben ist ein Beleg für deine Herrlichkeit und deine Erlösung. Du Herr, bist mein Vater; mein Erlöser, von Urzeiten her heißt so dein Name (Jesaja 63,16). »Herr, lass dir die Worte meines Mundes und die Gedanken meines Herzens gefallen! Herr, mein Fels und mein Erlöser« (Psalm 19,15). Ich bitte dich, dass du mich auch künftig erlösen wirst, über meine Erwartungen hinaus.

Und doch weiß ich, dass mein Erlöser lebt und auf dieser Erde das letzte Wort haben wird.

Hiob 19,25

114

Weil Gott alles heil macht

Herr, ich danke dir, dass du ein Gott der Erlösung und Heilung bist. Danke, dass du alles Unvollkommene und Gebrochene mit deiner Vollkommenheit heilen kannst. Hilf mir, mich immer wieder daran zu erinnern, damit ich Situationen, Beziehungen, Hoffnungen und Träume nicht aufgebe, nur weil ich denke, dass sie nicht geheilt werden könnten. Danke, dass deine Liebe so groß ist, dass du mein Erlöser sein kannst.

Ist mein Arm etwa zu kurz, um zu erlösen oder fehlt es mir an Kraft, um zu befreien?

Jesaja 50,2

115

Weil Gott alles heil macht

Herr, ich bete dich an als meinen Gott und Retter. Jesus, ich lobe dich als meinen unschätzbaren Erlöser. Danke, dass du meine Seele aus der Tiefe der Hölle erlöst hast. Danke, dass du mich vom Tod (Hosea 13,14) und seiner Macht (Psalm 49,16) befreit hast. Hab Dank, dass du mein Leben von der Unterdrückung befreit hast (Psalm 72,14). Danke, dass deine Liebe so groß ist, dass du mein Leben in jeder Hinsicht in Ordnung bringen willst. Erlöse mich und beschütze mich, wie du es in deinem Wort zugesagt hast (Psalm 119,154). Hab Dank für deine Güte und deine Barmherzigkeit. »Komm und rette mich, befreie mich von meinen Feinden« (Psalm 69,19). »Rette mich und sei barmherzig!« (Psalm 26,11). Danke für alle Erlösung, die du mir bereits geschenkt hast.

Die aber, die ihm dienen, wird der Herr erretten. Jedem, der auf ihn vertraut, wird vergeben.

Psalm 34,23

116

Weil Gott alles heil macht

Herr, ich danke dir, dass deine Liebe so groß ist, dass du mein Leben in jeder Hinsicht wieder herstellen, heilen, erneuern und erlösen willst. Ich weiß, dass nichts in meinem Leben und keine meiner Erfahrungen so groß sein können, dass du sie nicht erlösen und erneuern könntest.

Die aber, die ihm dienen, wird der Herr erretten. Jedem, der auf ihn vertraut, wird vergeben.

Psalm 34,23

117

Weil Gott das Licht der Welt ist

Herr, danke, dass ich die Dunkelheit nicht fürchten muss, weil du auch in dunklen Zeiten da bist. Ich weiß, »nur in der Nacht laufen sie Gefahr zu stolpern, weil das Licht nicht bei ihnen ist« (Johannes 11,10). Aber dein Licht ist in mir, weil du als Licht in die Welt gekommen bist, damit ich nicht im Dunkel bleiben muss (Johannes 12,46). Der Satan will mich mit Finsternis umgeben, aber du schenkst mir dein Licht. Ich will in diesem Licht leben. Ich brauche kein anderes Licht. »Alles, was gut und vollkommen ist, wird uns von oben geschenkt, von Gott, der alle Lichter des Himmels erschuf. Anders als sie ändert er sich nicht, noch wechselt er zwischen Licht und Finsternis« (Jakobus 1,17).

Steh auf und leuchte! Denn dein Licht ist gekommen und die Herrlichkeit des Herrn erstrahlt über dir. Denn die Erde ist von Finsternis zugedeckt und die Völker liegen in tiefer Dunkelheit, aber über dir strahlt der Herr auf.

Jesaja 60,1-2

118

Weil Gott das Licht der Welt ist

Herr, hilf mir, deinem Licht in meinem Leben zu vertrauen. Ich schaue auf dich, weil du mein Schatz in der Dunkelheit bist. Hilf mir, dass ich mich besonders in schweren und dunklen Zeiten in meinem Leben daran erinnere, dass du immer da bist, um mit deinem Licht auf meinem Weg zu scheinen.

Der Weg der Gottesfürchtigen ist wie der erste Sonnenstrahl am Morgen, der immer heller leuchtet, bis das volle Licht des Tages erstrahlt.

Sprüche 4,18

119

Weil Gott das Licht der Welt ist

Jesus, ich lobe dich als das Licht der Welt. Dein Licht ist in mir, weil du in mir bist, und nichts wird daran jemals etwas ändern. Ich weiß, dass du Licht bist, und dass es in dir keine Finsternis gibt (1. Johannes 1,5). »Sende mir dein Licht und deine Wahrheit, sie sollen mich leiten und mich zu deinem heiligen Berg führen, zu dem Ort, an dem du wohnst« (Psalm 43,3). Herr, du siehst, was in der Dunkelheit ist (Daniel 2,22). Und wenn es dunkel um mich ist, bist du mein Licht (Micha 7,8). Ich weiß, dass du mich wieder aufheben wirst, wenn ich falle. Du bist das Licht meines Lebens, das in mir leuchtet. Es gibt keine Umstände, die dein Licht in meinem Leben je auslöschen könnten.

Herr, du hast Licht in mein Leben gebracht, du, mein Gott, hast meine Finsternis erhellt.

Psalm 18,29

120

Weil Gott das Licht der Welt ist

Herr, du bist das Licht der Welt, und ich glaube fest daran, dass du der Herr über alle Länder der Erde bist. Ich weiß, dass dein Licht sich immer durchsetzen wird. Baue dein Reich auf der Erde auf und hilf deinen Kindern ein Volk zu sein, durch das dein Licht in die Welt scheint und durch das die Welt von deiner Herrlichkeit erfährt. Ich bitte dich, dass mein Licht so vor anderen leuchtet, dass sie es sehen und dich verherrlichen (Matthäus 5,14-16).

Ihr seid das Licht der Welt. Wie eine Stadt auf einem Berg, die in der Nacht hell erstrahlt, damit alle es sehen können. Und genauso lasst eure guten Taten leuchten vor den Menschen, damit alle sie sehen können und euren Vater im Himmel dafür rühmen.

Matthäus 5,14.16

121

Weil Gott das Licht der Welt ist

Herr, ich danke dir, dass du mich aus der Dunkelheit herausgerufen hast, um in deinem Licht zu leben. Lass dein Licht in jeden Bereich meines Lebens leuchten, in dem ich nicht im vollen Gehorsam dir gegenüber lebe. Ich will nichts tun, das dein Licht in meinem Leben trüben könnte. Ich möchte den dunklen Bereichen dieser Welt keinen Raum in meinem Leben geben.

Aber ihr seid anders, denn ihr seid ein auserwähltes Volk. Ihr seid eine königliche Priesterschaft, Gottes heiliges Volk, sein persönliches Eigentum. So seid ihr ein lebendiges Beispiel für die Güte Gottes, denn er hat euch aus der Finsternis in sein wunderbares Licht gerufen.

1. Petrus 2,9

122

Weil Gott ist, wie er ist

Herr, du bist heilig und gerecht, und ich habe keine größere Freude im Leben, als dir zu begegnen und dich mit Anbetung und Lob zu erheben. Ich will dich allezeit loben und nie aufhören, dir zu danken (Psalm 34,2). Ich freue mich jetzt über deine Gegenwart. Und ich danke dir, dass ich sein kann, weil du bist, wie du bist. »Ich will dir von ganzem Herzen danken und von deinen Wundern erzählen« (Psalm 9,2). Du machst mich froh, und ich freue mich in dir. Ich weiß, dass ich bei dir alles finde, was ich jemals brauche. Ich weiß, wenn ich dich anbete, bin ich dir so nahe, wie ich es diesseits des Himmels überhaupt je sein kann.

Lob und Ehre und Herrlichkeit und Macht stehen dem zu, der auf dem Thron sitzt, und dem Lamm für immer und ewig.

Offenbarung 5,13

123

Weil Gott ist, wie er ist

Gott, ich bete dich an. Ich glaube, dass du immer Herr über alles warst und sein wirst. Ich möchte jetzt in den Vorhöfen deines Tempels sein – die Sehnsucht danach verzehrt mich! Ich sehne mich nach dir, dem lebendigen Gott (Psalm 84,2-3). Herr, ich sehne mich danach, dich besser kennenzulernen. Meine Seele hungert danach, dir so nahe zu sein, dass ich deinen Herzschlag fühle und spüre, wie deine Liebe in mich fließt. Ich will alles wissen, was ich über dich herausfinden kann. Mein Herz soll dich so gut kennen, dass dein Lob wie die Luft zum Atmen für mich wird. Ich will dir meine Liebe zeigen, indem ich dich anbete. Alle Ehre, Ruhm und Erhabenheit gebührt dir, Herr, denn du bist würdig, gelobt zu werden.

Wer mir Dank sagt, bringt mir ein Opfer, das mich wirklich ehrt. Wer auf dem Weg bleibt, der erfährt meine Rettung.

PSALM 50,23

Wenn mir negative Gedanken und Gefühle keine Ruhe lassen

Herr, ich preise dich, und ich danke dir, dass du mir einen klaren Verstand gegeben hast. Darauf berufe ich mich heute. Danke, dass du nicht »ein Gott der Unordnung, sondern des Friedens« bist (1. Korinther 14,33). Ich wähle heute den Frieden, und ich bete dich an, den Gott des Friedens. Danke, dass ich den Sinn Christi bekommen habe (1. Korinther 2,16). Danke, dass du mir die Kraft gibst, jedes Argument und jeden Hochmut, der sich gegen dich erheben will, abzuschmettern. Danke, dass ich mit deiner Hilfe jeden widerstrebenden Gedanken im Gehorsam Christi bezwingen kann (2. Korinther 10,5). Erneuere mein Denken und lass mich den neuen Menschen in Gerechtigkeit und Heiligkeit annehmen, zu dem du mich berufen hast (Epheser 4,22-24).

Das bedeutet aber, wer mit Christus lebt, wird ein neuer Mensch. Er ist nicht mehr derselbe, denn sein altes Leben ist vorbei. Ein neues Leben hat begonnen!

2. Korinther 5,17

Wenn mir negative Gedanken und Gefühle keine Ruhe lassen

Herr, ich bete dich an. Du bist mein Herr und König, mein Erlöser. Es gibt keinen Gott wie dich. Du bist voll Güte, Barmherzigkeit und Gnade. Danke, Herr, dass du uns heilst, wenn wir an unseren Verletzungen leiden. Du baust uns auf, wenn wir gebrochene Herzen haben (Psalm 147,1-4). Du bist groß und mächtig, Herr, und deine Erkenntnis übersteigt alles (Psalm 147,5); auch das, was in mir vorgeht. Herr, danke, dass ich nicht mit Traurigkeit, Verletzungen oder Niedergeschlagenheit leben muss. Ich möchte einen Lobgesang anstimmen, anstatt einen betrübten Geist zu haben (Jesaja 60,1-3). Danke, dass du mir große Freude geschenkt hast (Psalm 4,8).

Du hast meine Trauer in einen Tanz voller Freude verwandelt. Du hast mir die Trauergewänder ausgezogen und mir Freude geschenkt, damit ich dich preise und nicht schweige. Herr, mein Gott, für immer will ich dir danken!

Psalm 30,12-13

Wenn mich Sorgen, Furcht und Mutlosigkeit befallen

Herr, ich übergebe dir meine ganzen Sorgen und meine ganzen Ängste. Ich gebe sie aus der Hand und überlasse sie dir. Ich hebe meine Augen zu dir auf, denn du bist meine Hilfe in Zeiten der Not. Ich will dich loben – inmitten von allem, was mir passiert. Ich weiß, dass ich in deiner Gegenwart keine Sorgen oder Angst haben muss. Ich weigere mich, zu verzweifeln, und ich entscheide mich, heute bei dir Mut zu finden. Deine Liebe tröstet mich und nimmt meine ganze Angst fort. Deine Macht in meinem Leben gibt mir Kraft und Sicherheit. Danke, dass du mir den Mut gibst, vorwärtszugehen und das Ziel zu erreichen, das du für mich im Sinn hast.

Es schrie einer zum Herrn in seinem Leid, und er hörte ihn und rettete ihn aus allen seinen Ängsten. Denn der Engel des Herrn beschützt die, die ihm gehorchen, und rettet sie.

Psalm 34,7-8

Wenn mich Sorgen, Furcht und Mutlosigkeit befallen

Herr, aus deinem Wort weiß ich, dass ich mich nicht sorgen oder ängstlich und mutlos sein muss. Deshalb gebe ich all diese Gefühle an dich ab und bitte dich, dass du mir deinen Frieden, deine Liebe und deinen Mut schenkst. Zeige mir Menschen, denen es ähnlich wie mir geht, damit ich mit ihnen und für sie beten kann. Hilf mir, sie im Gebet so zu begleiten, wie du, Heiliger Geist, mich begleitest, um mich zu trösten.

Helft euch gegenseitig bei euren Schwierigkeiten und Problemen, so erfüllt ihr das Gesetz, das wir von Christus haben.

Galater 6,2

Wenn mich Sorgen, Furcht und Mutlosigkeit überfallen

Herr, ich bete dich über alles andere an. »Der Herr ist mein Licht und mein Heil – vor wem sollte ich mich fürchten? Der Herr beschützt mich vor Gefahr – vor wem sollte ich erschrecken?« (Psalm 27,1). Ich bringe dir meine Sorgen, denn ich weiß, dass du mir helfen wirst (Psalm 55,23). Ich danke dir: »Ein mächtiges Heer umzingelt mich, dennoch fürchte ich mich nicht. Auch wenn sie mich angreifen, bleibe ich voller Zuversicht« (Psalm 27,3). Ich vertraue dir und habe keine Angst: Was können mir Menschen schon tun? (Psalm 56,12). »Wenn ich Angst habe, vertraue ich dir« (Psalm 56,4). Danke, Herr, du antwortest mir, wenn ich dich rufe, und errettest mich aus aller meiner Furcht. Du hilfst mir aus allen meinen Nöten. Danke, dass dein Engel mich beschützt (Psalm 34,5-8).

Ich rufe zum Herrn, und er antwortet mir von seinem heiligen Berg. Ich legte mich nieder, um zu schlafen, und erwachte in Sicherheit, denn der Herr behütete mich. Ich fürchte mich nicht vor zehntausend Feinden, die mich von allen Seiten umzingeln.

Psalm 3,5-7

Wenn mich Sorgen, Furcht und Mutlosigkeit befallen

Herr, hilf mir, nicht ängstlich zu sein, wenn schlimme Dinge geschehen, weil ich weiß, dass du meine Zuflucht, meine Stärke und meine Hilfe bei jedem Problem bist. Auch wenn die Welt untergeht oder die Berge im Meer versinken, habe ich keine Angst. Hilf mir, dein starker, betender Diener zu sein, der nicht sorgenvoll ist und sich vor nichts fürchtet. Hilf mir, immer wieder Ermutigung in dir und deinem Wort zu finden.

Höre mein Gebet, Herr, vernimm mein Flehen. Zu dir will ich kommen, wann immer mich die Sorgen überwältigen, und du wirst mich erhören.

Psalm 86,6-7

130

Wenn mich Sorgen, Furcht und Mutlosigkeit befallen

Herr, ich weiß, dass es dein Plan ist, mir Heil, Zukunft und Hoffnung zu geben (Jeremia 29,11). Ich weiß, du hast »uns erlöst und berufen; nicht aufgrund unserer Taten, sondern weil er schon lange, bevor es die Welt gab, entschieden hatte, uns durch Christus Jesus seine Gnade zu zeigen« (2. Timotheus 1,9). Danke, Heiliger Geist, dass du immer bei mir bist und mich den richtigen Weg führen wirst. Schenke mir einen großen Glauben, damit ich fest in dir verwurzelt bin und nicht von Sorgen, Furcht und Mutlosigkeit hin und her geworfen werde. Ich strecke mich heute nach deiner Hand aus, damit ich mit dir in die Zukunft gehen kann, die du für mich bereithältst.

Denn sie sind im Hause des Herrn gepflanzt und blühen in den Vorhöfen unseres Gottes. Noch im hohen Alter werden sie Frucht bringen und werden grün und lebendig bleiben, um zu bezeugen, dass der Herr gerecht ist. Er ist mein Fels! Kein Unrecht findet sich bei ihm!

Psalm 92,14-16

131

Wenn ich körperlich angeschlagen bin

Herr, ich bringe heute meine Krankheit vor dich (nennen Sie Ihr Anliegen), und ich bitte dich, mich zu heilen. Danke für deine Gnade und deine Barmherzigkeit, die du mir erweist. »Ich will dich loben, Herr, denn du hast mich gerettet (...). Herr, mein Gott, zu dir habe ich um Hilfe geschrien, und du hast mich wieder gesund gemacht« (Psalm 30,2-3). »Mit meiner Seele will ich den Herrn loben und das Gute nicht vergessen, das er für mich tut. Er vergibt mir alle meine Sünden und heilt alle meine Krankheiten« (Psalm 103,2-3). Wenn du mich nicht auf die Weise und zu der Zeit gesund machst, wie ich es mir wünsche, dann vertraue ich darauf, dass du aus meinem Leiden Gutes entstehen lässt und dass es dich verherrlichen wird.

Heile du mich, Herr, dann werde ich gesund, hilf du mir, dann ist mir geholfen. Ich preise nur dich allein!

JEREMIA 17,14

Wenn ich körperlich angeschlagen bin

Jesus, ich erhebe dich, und ich danke dir, dass du mein Arzt bist. Danke, dass du für mich am Kreuz gestorben bist, dass du die Folgen meiner Sünde getragen hast. Du bist größer als alles, was mir widerfährt oder unter dem ich leide. Ich danke dir, dass ich in deinem Namen Heilung finden kann. Deine Macht ist grenzenlos. Ich weiß, wenn du mich heilst, bin ich vollkommen gesund. Danke, dass du bei denen, die dich achten, heilend eingreifst. »Gott, sei mir gnädig und erbarme dich über mich, denn bei dir suche ich Schutz. Unter den Schatten deiner Flügel will ich mich flüchten, bis das Unglück vorüber ist« (Psalm 57,2).

Er sprach ein Wort, und sie wurden gesund – so rettete er sie an der Schwelle des Todes.

Psalm 107,20

133

Wenn mich Zweifel quälen

Ich weiß, dass wir durch Glauben fest stehen. Ich will dir so sehr vertrauen, dass ich fest überzeugt bin, dass du alles in meinem Leben vollbringen kannst, was du mir verheißen hast (Römer 4,21). Ich weiß, dass Glaube ein Geschenk von dir ist. Ich möchte, dass mein Glaube dich ehrt, wie es dir zusteht, ganz gleich, wie stark er geprüft wird. Danke, dass du mir dein Wort gegeben hast, durch das mein Glaube wachsen kann. Hilf mir, es immer besser zu erfassen. Lass dein Wort mir in Fleisch und Blut übergehen, sodass ich dir voll vertraue, damit du verherrlicht wirst.

Was ist nun also der Glaube? Er ist das Vertrauen darauf, dass das, was wir hoffen, sich erfüllen wird, und die Überzeugung, dass das, was man nicht sieht, existiert.

Hebräer 11,1

134

Wenn mich Zweifel quälen

Herr, lehre mich, wie ich für jede Situation und jedes Anliegen beten kann. Schenke mir Mut, dich um alles zu bitten. Hilf mir, beim Beten immer nach deinem Willen zu fragen. Schenke mir den Glauben, dass unmögliche Dinge geschehen können, wenn ich bete. Vergib mir, wenn ich an deiner Fähigkeit zu antworten einmal zweifeln sollte. Ich bekenne dir alle meine Zweifel als Sünde und bitte dich, dass du sie mir vergibst. Nimm alle meine Zweifel weg und schenke mir dafür den Glauben, dass alle Dinge möglich sind, weil ich dir vertraue.

»Was soll das heißen, ›Wenn ich kann‹?«, fragte Jesus. »Alles ist möglich, für den, der glaubt.«

Markus 9,23

135

Wenn mich Zweifel quälen

Ich lobe dich, Herr des Himmels und der Erde, und ich danke dir, dass deine Macht grenzenlos ist. Was für Menschen unerreichbar ist, ist bei dir möglich (Lukas 18,27). Danke, dass du denen Glauben schenkst, die dich bitten. Durch dich muss ich nicht mit Zweifeln leben. Stärke meinen Glauben, dass ich dir noch Größeres zutraue. Hilf mir so zu beten, dass ich auch mit deiner Antwort rechne. Lass mich keine Meereswoge sein, die vom Winde getrieben und bewegt wird, weil ich Zweifel habe (Jakobus 1,6-8).

Vor euch liegt eine große Freude, auch wenn ihr für eine Weile viel erdulden müsst. Dies dient nur dazu, euren Glauben zu prüfen, damit sich zeigt, ob er wirklich stark und rein ist. Er wird erprobt, so wie Gold im Feuer geprüft und geläutert wird – und euer Glaube ist Gott sehr viel kostbarer als bloßes Gold. Wenn euer Glaube also stark bleibt, nachdem er durch große Schwierigkeiten geprüft wurde, wird er euch viel Lob und Herrlichkeit und Ehre einbringen an dem Tag, an dem Jesus Christus der ganzen Welt offenbart werden wird.

1. Petrus 1,6-7

Wenn ich keine Antwort auf meine Gebete bekomme

Ich weiß, dass du mir aufgetragen hast zu beten. Aber ich weiß auch, dass die Erhörung meiner Gebete deine Sache ist. Manchmal kann ich nicht richtig einschätzen, ob du ein Gebet erhört hast oder nicht. Egal, ob ich deinen Willen verstehe oder nicht: Ich will dir vertrauen und dich loben. Danke, dass dein Wort immer gilt und dass du deine Versprechen, die du mir gegeben hast, immer hältst. Ich danke dir, dass deine Macht grenzenlos ist. Dein Urteil und dein Wille sind vollkommen, und ich vertraue dir. Egal, ob meine Gebete so erhört werden, wie ich es möchte, oder nicht: Ich werde dich loben und über allen Dingen anbeten. Denn du bist mein wunderbarer Ratgeber, mein ewiger Vater, meine Festung in der Not und mein Zufluchtsort. Ich finde bei dir Ruhe.

Werft dieses Vertrauen auf den Herrn nicht weg, was immer auch geschieht, sondern denkt an die große Belohnung, die damit verbunden ist! Was ihr jetzt braucht, ist Geduld, damit ihr weiterhin nach Gottes Willen handelt. Dann werdet ihr alles empfangen, was er versprochen hat.

Hebräer 10,35-36

Wenn ich keine Antwort auf meine Gebete bekomme

Herr, ich danke dir für das Vorrecht, mit dir im Gebet reden zu dürfen. Lass meinen Glauben so wachsen, dass ich darauf vertrauen kann, dass ich mit meinem Gebet etwas bewege. Und wenn ich nicht die von mir erhofften Antworten auf meine Gebete erhalte, hilf mir, nicht entmutigt zu werden und meinen Glauben zu verlieren. Hilf mir, dir zu vertrauen, dass du auf deine Weise und zu deiner Zeit antworten wirst.

Eines Tages zeigte Jesus seinen Jüngern durch ein Gleichnis, wie wichtig es ist, beständig zu beten und nicht aufzugeben.

Lukas 18,1

138

Wenn ich keine Antwort auf meine Gebete bekomme

Herr, ich bete dich an, und ich lobe dich als den allwissenden und allmächtigen Gott des Universums. Du bist der Herr des Himmels und der Erde und über mein Leben. Du bist Immanuel, Gott mit uns. Danke, Herr, dass du immer bei mir bist. Danke, dass deine Gegenwart mich von allen Zweifeln befreit und meinen Glauben wachsen lässt. Danke, dass du meine Gebete hörst und sie zu deiner Zeit und auf deine Weise erhörst. Herr, deine Macht kennt keine Grenzen. Ich will dein Wirken in meinem Leben nicht durch meinen Unglauben einengen. Lass mich auf alles freuen, was du noch für mich bereithältst, geduldig in schweren Zeiten sein, und hilf mir, nicht mit dem Beten aufzuhören (Römer 12,12). Ich weiß, dass du mir aufgetragen hast zu beten. Aber ich weiß auch, dass die Erhörung meiner Gebete deine Sache ist. Hilf meinem Herzen, in dir zu ruhen.

Hört nicht auf zu beten und Gott zu danken.

Kolosser 4,2

139

Wenn ich Probleme in Beziehungen habe

Ich lobe dich als den Gott, der alles wieder gutmacht, denn ich weiß, dass du meine Beziehungen wieder heil machen willst. Hilf mir, mit anderen einig zu sein, Mitgefühl und Liebe zu haben, barmherzig und demütig zu sein und nicht Böses mit Bösem zu vergelten, sondern zu segnen (1. Petrus 3,8-9). Ich lobe dich als meinen Schöpfer und begreife, dass du alle Menschen, mit denen ich eine Beziehung habe, geschaffen hast. Du bist ihr himmlischer Vater, genauso wie du mein himmlischer Vater bist. Sie sind meine Bruder und Schwestern, und du liebst sie und vergibst ihnen, wie du mich liebst und mir vergibst. Du hast dein Leben für sie gegeben, wie du es für mich gegeben hast. Hilf mir, sie so zu lieben, wie du mich liebst.

Jetzt könnt ihr einander aufrichtig lieben, denn ihr wurdet von eurer Schuld befreit, als ihr die Wahrheit Gottes angenommen habt. Deshalb sollt ihr euch wirklich von Herzen lieben.

1. Petrus 1,22

140

Wenn ich Probleme in Beziehungen habe

Herr, ich bete dich an. Ich lobe dich, geliebter Gott der Liebe, und ich danke dir, dass du mich mit deiner Liebe überschüttest. Fülle mein Herz mit deiner unfehlbaren und bedingungslosen Liebe, dass sie auf andere überfließt. Danke, Herr, dass du der Gott bist, der alles neu macht, sogar unsere Beziehungen. Du kannst neue Liebe in unser Herz geben. Du kannst Liebe, die erloschen ist, wieder aufleben lassen. Ich übergebe dir alle meine Beziehungen und danke dir für sie. Für die Menschen, die mir wichtig sind, und für die Menschen, die mich besonders fordern, bitte ich dich um die Kraft, sie so zu lieben, wie du sie liebst.

So gebe ich euch nun ein neues Gebot: Liebt einander. So wie ich euch geliebt habe, sollt auch ihr einander lieben.

Johannes 13,34

141

Wenn ich vergeben muss

Es erstaunt mich, Herr, dass du mich so sehr liebst, dass du dich selbst opferst, damit mir restlos vergeben ist. »Deine Gnade bedeutet mir mehr als das Leben« (Psalm 63,4). Danke, dass du mich geliebt hast, obwohl du mich in meinen schlimmsten Augenblicken gesehen hast. Ich will anderen so vergeben, wie du mir vergibst. Ich lobe dich, himmlischer Vater, du bist so gnädig und barmherzig zu mir. Hilf mir, zu lieben und zu vergeben, wie du es dir wünschst.

Seid stattdessen freundlich und mitfühlend zueinander und vergebt euch gegenseitig, wie auch Gott euch durch Christus vergeben hat.

EPHESER 4,32

142

Wenn ich vergeben muss

Herr, ich bete dich als den an, der du bist. Ich lobe dich, mein geliebter und liebender Gott der Vergebung. Danke, dass du mir vergibst. Wo wäre ich, wenn du mich nicht von den Folgen meiner Sünde befreien würdest? Herr, ich übergebe dir alles, was in meinem Herzen ist. Ich will vergeben, damit mir auch immer vergeben wird (Matthäus 6,14-15). Nimm alles weg, was mich von dir trennt und verhindert, dass ich dich besser kennenlernen kann. Gieße deinen Geist ganz neu über mir aus. Zeige mir alles in mir, das nicht von dir kommt. Leuchte mit deinem Licht in jeden Winkel meines Herzens und bringe jede Unversöhnlichkeit ans Licht, die ich gegenüber einem anderen Menschen hege.

Menschen mit Verstand zügeln ihren Zorn; sie erwerben Achtung, wenn sie über Unrecht hinwegsehen.

Sprüche 19,11

Wenn Dinge falsch laufen und ich mich machtlos fühle

Hilf mir, jede schwere Zeit so zu ertragen, dass ich dich dadurch verherrliche. Wenn alles schiefzulaufen scheint, hilf mir, dir nahezukommen und dir meine Sorgen abzugeben. Ich danke dir, dass du durch deine mächtige Kraft, die in mir wirkt, unendlich viel mehr tun kannst, als ich bitten oder denken kann (Epheser 3,20). Ich bete dich an, Gott der Gnade, und danke dir, dass du mich, nachdem ich eine Weile gelitten habe, aufbaust, stärkst und auf festen Grund stellst (1. Petrus 5,10-11). Ich lobe dich für deine Macht, und ich danke dir, dass du deine Macht in mein Leben strömen lässt. Ich bete dich an, Vater der Gnade und des Trostes, und ich danke dir, dass du mich in Zeiten der Anfechtung tröstest.

Liebe Brüder, wenn in schwierigen Situationen euer Glaube geprüft wird, dann freut euch darüber. Denn wenn ihr euch darin bewährt, wächst eure Geduld. Und durch die Geduld werdet ihr bis zum Ende durchhalten, denn dann wird euer Glaube zur vollen Reife gelangen und vollkommen sein und nichts wird euch fehlen.

Jakobus 1,2-4

144
Wenn Dinge falsch laufen und ich mich machtlos fühle

Herr, wenn Dinge falsch zu laufen scheinen, hilf mir mich daran zu erinnern, dass sie auch nur auf den ersten Blick falsch laufen können. Es könnte sein, dass du diese Dinge geschehen lässt, um mich mehr von dir abhängig zu machen, damit deine Ziele für mein Leben erreicht werden. Ich vertraue darauf, dass du für jeden Sturm in meinem Leben ein Ziel hast und dass du mich daraus befreist, wenn ich zu dir bete und dir vertraue.

Bekennt einander eure Schuld und betet füreinander, damit ihr geheilt werdet. Das Gebet eines gerechten Menschen hat große Macht und kann viel bewirken.

Jakobus 5,16

145

Wenn Dinge falsch laufen und ich mich machtlos fühle

Herr, ich lobe deinen Namen. Ich erhebe dich über alle Dinge. Du bist mein König und mein Herr. Mitten in allem, was in meinem Leben passiert, und in allem, was ich durchmache, weiß ich, dass du der allmächtige Gott des Universums bist. Wenn schlimme Tage kommen, nimmst du mich bei dir auf und gibst mir Schutz. Dann triumphiere ich über die Feinde, die mich umzingeln. Ich will dich loben und dir singen, Herr (Psalm 27,5-6). Du bist meine Hilfe, und ich werde mich in dir bergen; ich lobe dich für alles, was du bist. »Ich denke daran, wie sehr du mir geholfen hast; ich juble vor Freude, beschützt im Schatten deiner Flügel« (Psalm 63,8).

Meine lieben Freunde, erschreckt nicht über die schmerzhaften Prüfungen, die ihr jetzt durchmacht, als wären sie etwas Ungewöhnliches. Freut euch darüber, denn dadurch seid ihr im Leiden mit Christus verbunden, und ihr werdet euch auch sehr darüber freuen, wenn er in seiner Herrlichkeit erscheint.

1. Petrus 4,12-13

146

Wenn ich mich danach sehne, Gottes Willen zu erfahren

Herr, ich bete dich an, und ich lobe dich als den allwissenden und weisen Gott des Universums. Du kennst alle Dinge. Du kennst meine Lebensgeschichte, und du kennst den Weg, den ich gehen soll. Danke, Herr, dass du denen, die dich darum bitten, Weisheit schenkst. Ich bitte dich jeden Tag um Weisheit. Ich weiß, reines Bücherwissen reicht nicht aus, um die Sehnsucht in meinem Herzen zu stillen; da kann ich nie genug wissen. Was für mich wirklich von Bedeutung ist, kannst nur du mich lehren. Herr, ich weiß, dass ich dir für alles dankbar sein soll. Deshalb danke ich dir heute für alles, was du in meinem Leben tust (1. Thessalonicher 5,18).

Deshalb hörten wir nicht auf, für euch zu beten, seit wir zuerst von euch erfahren haben. Wir bitten Gott, euch Einsicht für das zu schenken, was er in eurem Leben bewirken will, und euch mit Weisheit und Erkenntnis zu erfüllen. Dann werdet ihr mit eurem Leben den Herrn ehren und ihn erfreuen mit allem, was ihr tut. Auf diese Weise werdet ihr Gott immer besser kennenlernen.

Kolosser 1,9-10

Wenn ich mich danach sehne, Gottes Willen zu erfahren

Himmlischer Vater, hilf mir, nach deinem Willen zu leben. Ich danke dir, dass du mir deinen Willen mitteilst und dass du dich mir zeigst, wenn ich dich darum bitte. Hilf mir, an dir festzuhalten, damit ich deine Wege und dein Herz verstehen kann. Ich bitte dich, dass du mir bei jeder Entscheidung, die ich treffen muss, mit deiner Weisheit zu Seite stehst und mich mit deinem Heiligen Geist leitest.

Wir erkennen, dass wir in ihm leben und er in uns, weil er uns seinen Geist gegeben hat.

1. JOHANNES 4,13

148

Wenn ich mich danach sehne, Gottes Willen zu erfahren

Danke, dass du mich deinen Willen erkennen lässt mit der nötigen Weisheit und der Erkenntnis (Kolosser 1,9). Danke, dass du mich führst und leitest. Danke, dass du mich dein Wort verstehen lässt und meine Schritte lenkst, damit ich auf deinem Weg bleiben kann. Danke, dass du mir bei allen Entscheidungen den Weg zeigst, den ich nehmen soll. Ich lobe dich für deine Weisheit und dein Wissen und dass du dich mir zeigst. Danke, dass du mir hilfst, ein reifer Christ zu werden, der ganz davon erfüllt ist, deinen Willen zu tun (Kolosser 4,12). Gib mir die nötige Ausdauer, damit ich empfangen kann, was du versprochen hast, wenn ich nach deinem Willen handele (Hebräer 10,36).

Doch diese Welt vergeht mit all ihren Verlockungen. Aber wer den Willen Gottes tut, wird in Ewigkeit leben.

1. Johannes 2,17

Wenn ich Befreiung brauche

Danke, himmlischer Vater, dass du mich aus der Hand des Feindes gerissen hast und dass du mich weiterhin erlösen wirst bis an den Tag, an dem ich zu dir gehen werde. Ich rufe deinen Namen an, Herr: »Herr, rette mich!« (Psalm 116,4). Ich weiß, dass du ein gutes Werk in mir angefangen hast und dass du es vollenden wirst (Philipper 1,6). Ich weiß, egal in welcher Lage ich auch bin, kann ich zufrieden sein, weil du mich nicht für immer darin lässt. Ich lobe dich mitten in meiner Situation, in der ich Befreiung brauche, weil ich weiß, dass du siehst, was mir fehlt, und mir in meiner Situation auf deine Weise und zu deiner Zeit begegnen wirst.

Denkt nicht mehr daran, was war und grübelt nicht mehr über das Vergangene. Seht hin; ich mache etwas Neues, schon keimt es auf. Seht ihr es nicht? Ich bahne einen Weg durch die Wüste und lasse Flüsse in der Einöde entstehen.

Jesaja 43,18-19

Wenn ich Befreiung brauche

Herr, ich weiß, dass du mich von allem in meinem Leben, das mich festhält, befreien kannst. Ich bitte dich, dass du dies heute für mich tust. Ich möchte dich ganz neu in mein Leben einladen, damit du mich befreist und veränderst. Ich weiß, dass du der Geist bist, »und wo immer der Geist des Herrn ist, ist Freiheit« (2. Korinther 3,17).

Wir haben dem Tod ins Gesicht gesehen. Doch auf diese Weise haben wir gelernt, nicht auf uns selbst zu vertrauen, sondern auf Gott, der die Toten auferweckt. Und tatsächlich hat er uns aus der Todesgefahr befreit. Nun sind wir sicher, dass er es wieder tun wird.

2. Korinther 1,9-10

151

Wenn ich Befreiung brauche

Ich bete dich an, Herr. Du bist mein Fels, meine Burg, mein Retter, meine Zuflucht, mein Schild, die Stärke meines Heils und meine Festung (Psalm 18,3). Du hast deine Hand vom Himmel ausgestreckt und hast mich aus tiefem Wasser heraufgezogen (Psalm 18,17). Du hast mich befreit, weil du Freude an mir hattest (Psalm 18,20). Du bist mein Gott und ich will dich loben (2. Mose 15,2). Herr, ich lobe dich als meinen allmächtigen Erlöser. Du hast die Macht, mich frei zu machen und mein Leben zu verändern. Danke, dass du jede Festung niederreißen wirst, die der Feind meiner Seele in mir und um mich herum aufgebaut hat. Du wirst jede Mauer einreißen, die mich von dem trennt, was du mir geben möchtest.

Der Herr wird mich vor jedem bösen Angriff retten und mich sicher in sein himmlisches Reich bringen. Gott gehört in alle Ewigkeit Ehre! Amen.

2. Timotheus 4,18

Wenn ich Gottes Fürsorge und Bewahrung brauche

Ich liebe dich, Herr. Ich weiß, dass deine Fürsorge und deine Bewahrung Beweise für deine große Liebe zu mir sind. Ich rufe dich an, denn du bist würdig, gelobt zu werden, und ich werde vor meinen Feinden errettet werden (Psalm 18,4). Unser Herz freut sich an dir, und wir trauen auf deinen heiligen Namen (Psalm 33,21). Ich freue mich und traue auf dich; ewiglich rühme ich dich, denn du beschützt mich. Danke, dass du mich segnest und schützend mit deiner Gnade umgibst (Psalm 5,12-13). Ich beuge mich in Anbetung vor dir, mein Herr und mein Schöpfer. Du bist mein Gott, und ich bin eines deiner Schafe, das du behütest (Psalm 95,6-7). »Du beschützt mich wie eine Burg, eine Zuflucht, wenn ich in Not bin. Du meine Stärke, dir singe ich Loblieder« (Psalm 59,17-18).

Der Herr ist meine Stärke und beschützt mich. Ich habe von ganzem Herzen auf ihn vertraut und er hat mir geholfen. Darum freue ich mich und danke ihm mit meinem Lied.

Psalm 28,7

153

Wenn ich Gottes Fürsorge und Bewahrung brauche

Herr, du bist mein König und der Herr über mein ganzes Leben. Ich übergebe dir alles, was ich habe, weil ich erkenne, dass alles Gute, das ich habe, mir von dir als ein Zeichen für deine Güte, Barmherzigkeit und Liebe gegeben wurde (Jakobus 1,17). Danke, dass du mich mit allem versorgst, was ich brauche. Herr, ich preise dich als meinen Beschützer. Danke, dass du mich behütest wie einen Augapfel, dass du mir Zuflucht gibst »unter dem Schatten deiner Flügel ... vor den gottlosen Menschen, die mich vernichten wollen, und vor meinen Feinden, die mir von überall her nachstellen« (Psalm 17,8-9). »Gott, ich will die Versprechen halten, die ich vor dir abgelegt habe, und dir ein Dankopfer für deine Hilfe darbringen. Denn du hast mich vor dem Tode gerettet, meine Füße vor dem Ausgleiten bewahrt. Deshalb kann ich jetzt vor dich kommen, im Licht des Lebens« (Psalm 56,13-14).

Das Volk des Herrn soll mit Ehrfurcht vor ihn treten, denn die ihn ehren, haben alles, was sie brauchen.

Psalm 34,10

154

Wenn ich in Versuchung gerate

Herr, zeige mir bei Versuchungen, was mich von dir wegziehen will. Ich lobe dich mitten in jeder Versuchung, dass du die Macht hast, ihre Herrschaft über mich zu brechen. Hilf mir, aus der Kraft deines Geistes zu leben, damit ich meinen sündigen Neigungen nicht nachgebe (Galater 5,16). Herr, ich weiß: In Wirklichkeit lebe nicht mehr ich, sondern Christus lebt in mir. Das Leben, das ich jetzt noch in diesem vergänglichen Körper lebe, lebe ich im Vertrauen auf den Sohn Gottes (Galater 2,20). Danke, das du mir die Kraft gibst, allem zu widerstehen, was mich von einer engen Beziehung zu dir abhalten will.

Dieser Hohe Priester versteht unsere Schwächen, weil ihm dieselben Versuchungen begegnet sind wie uns, doch er wurde nicht schuldig.

Hebräer 4,15

155

Wenn ich in Versuchung gerate

Herr, ich danke dir, dass du mir helfen kannst, ein Leben im Geist und ein lohnenswertes, erfülltes Leben zu führen. Danke, dass ich nicht ein Leben im Fleisch und ein leeres, bedeutungsloses Leben führen muss. Ich strecke mich nach dir aus und bitte dich, dass du mich von allem befreist, was mich von einem Leben im Geist abhalten will.

Deshalb können Menschen, die noch von ihrer menschlichen Natur beherrscht werden, Gott niemals gefallen. Ihr aber werdet nicht mehr von eurer sündigen Natur, sondern vom Geist Gottes beherrscht, wenn Gottes Geist in euch lebt. Wer aber den Geist Christi nicht hat, der gehört nicht zu Christus

RÖMER 8,8-9

156

Wenn ich in Versuchung gerate

Herr, ich bete dich als meinen Herrn und Erlöser an. Ich lobe dich, Heiliger Geist, dass du in mir lebst und mir hilfst, aus dem Geist zu leben. Ich bekenne alle meine Sünden vor dir und bereue sie. Konkret bekenne ich (sagen Sie Gott alles, was Sie auf dem Herzen haben). Ich will keine Sünde in meinem Leben. Gott, hilf mir, deinen Wegen zu vertrauen und deine Gesetze so sehr zu lieben, dass ich sie immer befolge. Hilf mir, deiner Güte so sehr zu vertrauen, dass es für mich nie eine Frage ist, ob ich deinen Anweisungen gehorchen soll. Hilf mir, im Gehorsam zu leben. »Hilf mir nach deinen Geboten zu leben, denn das erfüllt mich mit Freude« (Psalm 119,35).

Vergesst nicht, dass die Prüfungen, die ihr erlebt, die gleichen sind, vor denen alle Menschen stehen. Doch Gott ist treu. Er wird die Prüfung nicht so stark werden lassen, dass ihr nicht mehr widerstehen könnt. Wenn ihr auf die Probe gestellt werdet, wird er euch eine Möglichkeit zeigen, trotzdem standzuhalten.

1. Korinther 10,13

Wenn ich angegriffen werde

Herr, ich danke dir, dass du mich von meinen Feinden befreist. Ich weiß, »wir kämpfen nicht gegen Menschen aus Fleisch und Blut, sondern gegen die bösen Mächte und Gewalten der unsichtbaren Welt, gegen jene Mächte der Finsternis, die diese Welt beherrschen, und gegen die bösen Geister in der Himmelswelt« (Epheser 6,12). Du wirst mich über die, die sich gegen mich stellen, erheben und mich vor den gewaltsamen Kräften, die sich mir widersetzen, befreien. »Führe mich den rechten Weg, Herr, damit mich meine Feinde nicht überwältigen. Zeige mir, welchen Weg ich gehen soll« (Psalm 5,9). Ich preise dich, Herr, und singe deinem Namen Loblieder (Psalm 18,50). Hab Dank, dass du mich immer im Triumphzug von Christus mitführst (2. Korinther 2,14).

Doch keine Waffe, die gegen dich geschmiedet wird, wird erfolgreich sein. Und wer dich vor Gericht verklagt, den wirst du widerlegen. All diese Dinge werden den Dienern des Herrn zu Gute kommen; von mir wird ihre Rechtfertigung ausgehen. Ich, der Herr, gebe darauf mein Wort!

Jesaja 54,17

Wenn ich angegriffen werde

Herr, ich danke dir, dass du Satan schon besiegt hast. Ich ordne dir meinen Willen unter und widerstehe dem Satan, und er wird mich verlassen (Jakobus 4,7). Ich lobe dich inmitten von allem, was ich sehe und erlebe, weil ich weiß, dass es in deiner Nähe Sicherheit und Frieden gibt.

Er befreite mich von meinen mächtigen Feinden, von denen, die mich hassten und zu stark für mich waren. (…) Er brachte mich an einen sicheren Ort und rettete mich, weil er Freude an mir hatte.

Psalm 18,18.20

Wenn ich angegriffen werde

Herr, ich bete dich an als den Herrn über alles. Ich lobe dich als meinen allmächtigen König. »Mit dir kann ich ganze Armeen zerschlagen, mit dir überwinde ich jede Mauer. (...) Allen, die sich zu ihm flüchten, bietet er Schutz« (Psalm 18,30-31). Ich will mich »nicht fürchten und nicht verzagen vor diesem großen Heer«, denn ich weiß, dass nicht ich kämpfe, sondern du. Ich weiß, dass ich diesen Kampf nicht allein austragen muss. Ich werde dich loben und anbeten, und ich werde ruhig stehen und deine Hilfe sehen, denn du bist mit mir (2. Chronik 20,15-17). Danke, Herr, dass du mich vom Feind befreien wirst und mir hilfst, stark zu bleiben.

Werdet stark durch den Herrn und durch die mächtige Kraft seiner Stärke! Legt die komplette Waffenrüstung Gottes an, damit ihr allen hinterhältigen Angriffen des Satans widerstehen könnt.

Epheser 6,10-11

160

Wenn ich eine Enttäuschung erlebe

Ich lobe dich und bete dich an, Herr. Ich liebe dich und erkenne, dass alles, was ich habe, von dir ist. Alles, was ich habe, ist dein, und ich übergebe dir alles zu deiner Herrlichkeit. Deshalb gebe ich mein ganzes Unglück in deine Hände. Ich lobe dich, und ich danke dir, dass heute der Tag ist, den du gemacht hast, und ich werde mich freuen und fröhlich sein. Danke für deine Gnade und Barmherzigkeit. Danke, dass du mich so sehr liebst. Danke, dass du aus meiner Situation Gutes machst. Egal, was in meinem Leben passiert, ich will dich loben, solange ich lebe (Psalm 146,1-2).

Ich habe euch das alles gesagt, damit ihr in mir Frieden habt. Hier auf der Erde werdet ihr viel Schweres erleben. Aber habt Mut, denn ich habe die Welt überwunden.

JOHANNES 16,33

Wenn ich eine Enttäuschung erlebe

Herr, du bist der Herr über den Himmel und die Erde und der Herr über mein Leben. Ich lobe dich, mein geliebter Retter und König. Ich danke dir, dass du ein Gott bist, der uns erlöst und alles wieder gut macht. Ich übergebe dir meine ganze Trauer und Traurigkeit um jeden Verlust, jede Enttäuschung und jedes Versagen, das ich erlebe, und lobe dich mitten in meinem Unglück. Ich danke dir, Heiliger Geist, dass du mich tröstest. Herr, ich danke dir, dass du kein sinnloses Leiden zulässt. Ich weiß, dass du ein guter Gott bist und dass alles, was du zulässt, zum Guten führen wird. Ich komme zu dir und setze meine Hoffnung auf dich, denn bei dir ist Gnade und Erbarmen (Psalm 130,7).

Du zählst alle meine Klagen und sammelst alle meine Tränen in einem Gefäß, ja, du hast jede einzelne in deinem Buch festgehalten. An dem Tag, an dem ich dich zu Hilfe rufe, werden meine Feinde sich zurückziehen. Denn eines weiß ich: dass du, Gott, auf meiner Seite stehst.

Psalm 56,9-10

Wenn ich das Gefühl habe, dass alles gut läuft

Herr, ich bete dich für alles an, was du bist. Du bist mein Herr in guten wie in schweren Zeiten, auf dem Berggipfel und auch im Tal. Du bist der König der Könige auf dem Thron meines Lebens in ruhigen und in stürmischen Phasen. Ich will dir jeden Tag meine Liebe zeigen und dich anbeten und loben. Erfülle mein Herz mit so vielen Einsichten über dich, dass dein Lobpreis mein Lebensstil wird. Lehre mich, in allen Lebenslagen als Erstes dich zu loben, egal, was auch geschieht. Ich habe keine größere Freude im Leben, als dir zu begegnen und dich jeden Tag mit Anbetung und Lobpreis zu erheben.

Wie ihr nun Christus Jesus als euren Herrn angenommen habt, so lebt auch mit ihm und seid ihm gehorsam. Senkt eure Wurzeln tief in seinen Boden und schöpft aus ihm, dann werdet ihr im Glauben wachsen und in der Wahrheit, in der ihr unterwiesen wurdet, standfest werden. Und dann wird euer Leben überfließen von Dankbarkeit für alles, was er getan hat.

Kolosser 2,6-7

163

Wenn ich das Gefühl habe, dass alles gut läuft

Herr, ich danke dir für die Zeiten, in denen alles gut läuft. Hilf mir, während dieser guten Zeiten deine Güte nicht als selbstverständlich zu betrachten. Ich weiß, dass es gut ist, dich immer zu loben, egal, was geschieht (Psalm 92,1), weil es dein Wille ist (1. Thessalonicher 5,18). Du verdienst bei allen Dingen – ob sie gut oder schlecht sind – Lobpreis und Dank. Erinnere mich immer wieder an all die Dinge, die du mich gelehrt hast, damit ich sie unablässig tun kann.

Du aber sollst dich treu an das halten, was ich dich gelehrt habe und was du gelernt und im Glauben angenommen hast, denn du weißt, wer dich unterrichtet hat.

2. Timotheus 3,14

164

Wenn ich das Gefühl habe, dass alles gut läuft

Herr, ich bete dich für alles an, was du bist. Du bist mein Herr in guten wie in schweren Zeiten. Auf dem Berggipfel und auch im Tal. Du bist der König der Könige auf dem Thron meines Lebens in ruhigen und in stürmischen Phasen. Ich lobe dich in Zeiten großen Segens und auch in Zeiten großer Herausforderungen. Durch dich kann ich fest stehen, auch wenn ich mich schwach fühle. Denn ich weiß, wenn ich am schwächsten bin, erweist du dich als stark. Ich bin dankbar für deine Erlösung, deine Rettung, deine Bewahrung, deine Güte und deinen Segen jeden einzelnen Tag in meinem Leben. Ich weiß, dass alles, was ich habe, von dir kommt. Durch deine große Kraft gehe ich von Herrlichkeit zu Herrlichkeit und bekomme immer wieder neue Kraft (Psalm 84,8).

Wer sich für standhaft hält, soll aufpassen, dass er nicht auf die gleiche Weise sündige.

1. Korinther 10,12

Teil III

Gottes Licht auf meinem Weg

165

Mit dir gehen

Herr, ich möchte keinen Schritt ohne dich gehen. Ich greife nach deiner Hand und bitte dich, mich auf deine Weise zu führen. Danke, dass du in dem Augenblick, in dem ich meine Hand in deine lege, einen Weg frei machen wirst von da, wo ich bin, an den Ort, wo ich sein soll. Danke, dass dies immer gilt, egal, wo ich mich jetzt gerade befinde oder ob ich die Richtung verloren habe. Du wirst mich auf den richtigen Weg führen. Danke, dass deine Gnade auf diesem Weg im Überfluss vorhanden ist. Halte mich auf dem Weg, den du für mich hast, und bringe mich dorthin, wohin ich gehen soll. Ich bin fest entschlossen, an diesem Tag mit dir zu gehen.

Du wirst mir den Weg zum Leben zeigen und mir die Freude deiner Gegenwart schenken. Aus deiner Hand kommt mir ewiges Glück.

Psalm 16,11

166

Mit dir gehen

Herr, ich danke dir, dass du mich lehrst, was es heißt, mit dir zu gehen. Wenn der Weg, auf dem ich mich gerade befinde, krumm ist, bitte ich dich, dass du ihn gerade machst. Wenn ich in die falsche Richtung gehe, bitte ich dich, dass du mich umdrehen lässt und mich auf den richtigen Weg bringst. Ich weiß, dass du mich dahin kommen lässt, wo ich hin soll, wenn ich einen Schritt nach dem anderen gehe und mich an dir festhalte.

Ich weiß, Herr, dass das Leben eines Menschen nicht in seinen eigenen Händen liegt. Es kann auch niemand seinem Leben von sich aus eine bestimmte Richtung geben.

JEREMIA 10,23

167

Mit dir gehen

Herr, »zeige mir einen Weg, den ich gehen soll, denn ich habe dich darum gebeten« (Psalm 143,8). Ich weiß, dass ich die Richtung verliere, wenn ich versuche, das Rennen ohne dich zu laufen. Danke, dass du mir auch dann helfen wirst, wieder aufzustehen und weiterzumachen, wenn ich schwach werde und ins Stolpern komme. Und obwohl ich nicht genau erkennen kann, wo ich gehe, bin ich sicher, dass du mir helfen kannst und wirst, dort anzukommen, wo ich hingehöre. Danke, Herr, dass du mich lehrst, in vollkommener Abhängigkeit von dir zu gehen, denn ich weiß, dass darauf mein größter Segen liegt.

Kommt, wir wollen auf den Berg des Herrn steigen, zum Tempel des Gottes Israels. Dort wird er uns seine Wege lehren, damit wir so leben, wie er es möchte. Denn der Herr wird von Zion seine Weisungen ausgehen lassen und von Jerusalem sein Wort.

MICHA 4,2

168

Mit dir gehen

Herr, ich bin fest entschlossen, mit dir zu gehen. Zeige mir jede Situation in meinem Leben, in der ich nicht die Schritte getan habe, die du von mir erwartet hast. Hilf mir, deine Stimme zu hören, die mich auf dem richtigen Weg leitet. Ich übergebe dir mein ganzes Leben, damit du mich auf dem Weg führen kannst, den du für mich vorgesehen hast. An jedem Tag meines Lebens möchte ich immer abhängiger von dir werden. Hilf mir dabei. Ich vertraue darauf, dass deine Wege vollkommen sind, und ich weiß, dass du immer das Beste für mich im Sinn hast.

Der Herr freut sich an einem aufrichtigen Menschen und führt ihn sicher.

Psalm 37,23

169

Das Licht sehen

Herr, ich vertraue dir mit meinem ganzen Herzen. Ich will mich nicht auf meinen Verstand verlassen. Ich erkenne dich auf allen meinen Wegen und bitte dich, meine Schritte zu lenken. Gestalte du meinen Tag. Er soll in deiner Hand sein. Hilf mir, all das zu tun, was ich tun soll.

Ein Mensch kann seinen Weg planen, seine Schritte aber lenkt der Herr.

Sprüche 16,9

170

Das Licht sehen

Herr, du bist das Licht meines Lebens. Du erleuchtest meinen Weg und ich will folgen, wohin auch immer du mich führst. Schütze mich vor Lichtern, die mir den falschen Weg zeigen wollen. Hilf mir, falsche Lichter zu erkennen. Ich bin davon abhängig, dass du das Licht deines Angesichts über mir leuchten lässt (Psalm 4,7). Danke, Herr, dass – egal, was um mich herum geschieht – dein Licht in meinem Leben ununterbrochen da ist, weil du dich niemals änderst. Lass dein Licht durch mich scheinen, während ich an deiner Hand gehe. Ich gebe dir diesen Tag und vertraue darauf, dass das Licht, das du mir gibst, genau richtig bemessen ist für den Schritt, den ich gerade gehe.

Der Weg der Gottesfürchtigen ist wie der erste Sonnenstrahl am Morgen, der immer heller leuchtet, bis das volle Licht des Tages erstrahlt.

Sprüche 4,18

171

Das Licht sehen

Herr, ich bitte dich, dass ich nicht getäuscht und vom Licht des Feindes angezogen werde. Hilf mir, seine betrügerischen Taktiken zu entlarven. Vergib mir, wenn ich mich im Dunkeln fühlte, weil ich dein Licht in mir nicht wahrgenommen habe. Hilf mir, im Glauben zu wachsen, sodass ich dir, dem Licht der Welt, immer vertraue, dass du mich durch alle noch kommenden dunklen Zeiten führen wirst. Schenke, dass ich nie auf etwas anderes als auf dich, Jesus, schaue, wenn ich eine Lichtquelle als Orientierung für mein Leben brauche.

Das ist die Botschaft, die er uns gegeben hat, damit wir sie euch weitersagen: Gott ist Licht; in ihm ist keine Finsternis. Deshalb lügen wir, wenn wir sagen, dass wir mit Gott Gemeinschaft haben, aber weiter in der Finsternis leben. Wenn wir das tun, leben wir nicht in der Wahrheit. Doch wenn wir wie Christus im Licht Gottes leben, dann haben wir Gemeinschaft miteinander, und das Blut von Jesus, seinem Sohn, reinigt uns von jeder Schuld.

1. Johannes 1,5-7

172

Das Licht sehen

Herr, ich bekenne dir als Sünde jede Zeit in meinem Leben, in der ich in einer dunklen oder schwierigen Situation war und daran zweifelte, dass du für mich da warst. Bitte vergib mir diesen Mangel an Verständnis. Ich weiß jetzt, dass du mich niemals verlassen und aufgeben wirst. Hilf mir, deinem Geist in mir immer zu vertrauen, dass er den Weg vor mir erleuchtet, während ich mit dir darauf gehe. Ich weiß, dass du das wahre Licht bist, das alle Menschen erleuchtet (Johannes 1,9). Danke, dass dein Licht niemals ausgeschaltet wird und ich mich nie in der Dunkelheit befinden kann, wenn ich auf dich schaue.

Glaubt an das Licht, solange noch Zeit dazu ist; dann werdet ihr Kinder des Lichts werden.

JOHANNES 12,36

173

Das Licht sehen

Herr, mir ist klar, dass ich nicht die Macht habe, ohne dich etwas von Bedeutung zu tun oder etwas Dauerhaftes zu bewerkstelligen. Ich weiß, es sind nicht Stärke oder Weisheit, die großartige Dinge in meinem Leben geschehen lassen, sondern es ist dein Geist. Meine Gebete werden nicht durch das, was ich weiß, erhört, sondern durch den, den ich kenne. Danke, dass ich dich als das Licht meiner Welt kennengelernt habe. Danke für das Licht des Heiligen Geistes, das ich jeden Tag erfahre. Hilf mir, dein Licht mehr und mehr zu sehen und mich darauf zu verlassen, dass es immer da ist, weil du immer da bist.

Das Leben selbst war in ihm, und dieses Leben schenkt allen Menschen Licht.

Johannes 1,4

Angst vor Dunkelheit nicht zulassen

Herr, danke, dass ich die Dunkelheit nicht fürchten muss, weil ich mit dir gehe. Sogar in der tiefsten Nacht bist du da. In den dunkelsten Stunden hast du Schätze für mich. Deine Gegenwart und Gnade sind mein Trost und mein Licht, egal, womit ich gerade zu kämpfen habe. Dein Wort sagt: »Nur in der Nacht laufen sie [die Menschen] Gefahr zu stolpern, weil das Licht nicht bei ihnen ist« (Johannes 11,9-10). Aber ich weiß, dass dein Licht in mir ist. Jesus, du hast von dir gesagt: »Ich bin als Licht gekommen, um in dieser dunklen Welt zu leuchten, damit alle, die an mich glauben, nicht im Dunkel bleiben« (Johannes 12,46).

Bäte ich die Finsternis, mich zu verbergen, und das Licht um mich her, Nacht zu werden, könnte ich mich dennoch nicht vor dir verstecken; denn die Nacht leuchtet so hell wie der Tag und die Finsternis wie das Licht.

Psalm 139,11-12

175

Angst vor Dunkelheit nicht zulassen

Herr, ich glaube an dich und weiß, dass du mich aus der Hoffnungslosigkeit, Sinnlosigkeit und Angst herausgehoben hast. Ich weigere mich, Angst zu haben. Ich bekenne dir jede Situation, in der ich mich entschieden habe, in der Dunkelheit von Zweifel und Ungehorsam zu bleiben und in der ich dir für meine Lebensumstände die Schuld gegeben habe. Vergib mir. Ich gebe dir meine Hand, Herr. Halte sie fest und führe mich. Danke, dass dein Licht alles ist, was ich beim Weitergehen brauchen werde.

Wer ohne Licht in der Dunkelheit lebt, vertraue auf den Namen des Herrn und verlasse sich auf seinen Gott!

Jesaja 50,10

176

Angst vor Dunkelheit nicht zulassen

Herr, hilf mir, die Wahrheit über mich selbst und meine Situation erkennen zu können. Wenn ich mich durch meinen Ungehorsam in dunklen Lebensumständen befinde, hilf mir, dies zu verstehen, damit ich es einfach bekennen und zurück auf deinen Weg kommen kann. Doch wenn die Dunkelheit von dir zugelassen ist, dann hilf mir, mich in völliger Abhängigkeit nach dir auszustrecken und darin dein Licht zu entdecken. Ich weiß, dass du der Schatz bist, den ich in der Dunkelheit finde.

Ich gebe dir Schätze, die im Dunkeln verborgen sind – geheime Reichtümer. Das alles tue ich, damit du weißt, dass ich der Herr bin, der Gott Israels, der dich bei deinem Namen ruft.

JESAJA 45,3

177

Angst vor Dunkelheit nicht zulassen

Herr, für mich sind deine Gegenwart und meine Beziehung zu dir das Wichtigste in meinem Leben. Hilf mir, nie daran zu zweifeln oder es für selbstverständlich zu halten. Ich bitte dich, dass ich in den Zeiten, in denen mein Glaube und meine Liebe zu dir auf die Probe gestellt werden, eine noch engere Beziehung zu dir haben kann. Sogar in der größten momentanen Schwierigkeit weiß ich, dass du alles unter Kontrolle hast, das Blatt wenden und Gutes daraus hervorbringen wirst. Angst oder mangelndes Vertrauen sollen mich nicht davon abhalten, siegreich zu sein in allem, was du für mich hast.

Herr, du hast Licht in mein Leben gebracht, du, mein Gott, hast meine Finsternis erhellt.

Psalm 18,29

178

Schwierige Situationen aushalten

Herr, du bist alles für mich. Danke, dass ich jeden Augenblick mit dir gehen kann und mein Leben nicht allein leben muss. Und wenn ich eine schwierige Zeit durchmache, kann ich meine Hand in deine legen und mich auf dich verlassen, während wir gemeinsam diese Zeit erleben. Ich weiß, dass die Gottesfürchtigen »in deiner Gegenwart leben« (Psalm 140,13), und genau dort will ich sein. Denn in deiner Gegenwart werde ich Heilung, Befreiung, Liebe, Frieden, Freude und Hoffnung finden.

Denn unsere jetzigen Sorgen und Schwierigkeiten sind nur gering und von kurzer Dauer, doch sie bewirken in uns eine unermesslich große Herrlichkeit, die ewig andauern wird! So sind wir nicht auf das Schwere fixiert, das wir jetzt sehen, sondern blicken nach vorn auf das, was wir noch nicht gesehen haben. Denn die Sorgen, die wir jetzt vor uns sehen, werden bald vorüber sein, aber die Freude, die wir noch nicht gesehen haben, wird ewig dauern.

2. Korinther 4,17-18

179

Schwierige Situationen aushalten

Herr, hilf mir, die Situationen meines Lebens anzunehmen, die manchmal schwer zu ertragen sind. Hilf meinen Augen, dich in diesen Situationen sehen zu können. Lass mich immer deine überfließende Güte zu mir erkennen. Ich bringe dir die schwersten Anstrengungen meines Lebens. Ich vertraue dir, dass du meine Augen öffnest, damit ich alles sehen kann, was du mir durch diese harten Zeiten schenken willst. Zeige mir ihre ganze Fülle. Danke, dass ich bei jedem meiner Schritte mit der Freude über deine Gegenwart erfüllt werden kann, weil du mir für jeden Schritt das nötige Licht gegeben hast.

Wenn ich zu dir bete, erhörst du mich; du machst mir Mut und gibst mir Kraft.

Psalm 138,3

Schwierige Situationen aushalten

Herr, hilf mir, zufrieden mit dem Ort zu sein, an dem ich mich gerade auf deinem Weg für mein Leben befinde. Ich weiß, dass du mich immer mehr nach deinem Bild veränderst und dass du mich nicht für immer dort lässt, wo ich gerade bin. Ich möchte jede Einsamkeit oder jeden Mangel an Zufriedenheit in mir als ein Zeichen ansehen, dass ich mehr Zeit mit dir verbringen muss. Hilf mir, deine Segnungen und deine Güte in all meinen Situationen zu erkennen. Gib mir Kraft, wenn ich müde bin, und deine Freude in Fülle, wenn ich traurig bin. Hilf mir, einen immer stärker werdenden Glauben zu bekommen. Lass mich deine Gegenwart immer deutlicher in meinem Leben spüren.

Wenn ich auch von allen Seiten bedrängt werde, wirst du mich doch vor dem Hass meiner Feinde bewahren. Du wirst die Hand gegen meine wütenden Feinde erheben und mich durch deine Macht retten.

PSALM 138,7

181

Schwierige Situationen aushalten

Herr, ich weiß, dass du eine Fülle an Segnungen für mich hast, egal, wie meine derzeitige Situation aussieht. Gerade an dem Punkt in meinem Leben, an dem ich mich befinde, bist du mit deiner Macht am Werk. Danke für die Errettung, Jesus, und dass du mich von allem befreist, was mich davon abhält, dein Ziel für mich zu erreichen. Danke, dass du mich mit deinem Heiligen Geist erfüllst. Danke für deine Liebe zu mir.

Denn wir wissen, wie sehr Gott uns liebt, weil er uns den Heiligen Geist geschenkt hat, der unsere Herzen mit seiner Liebe erfüllt.

Römer 5,5

182

In Gottes Licht leben

Herr, erleuchte heute meinen Lebensweg mit dem Licht deines Wortes. Mache es zu einer Leuchte für meinen Fuß, damit ich nicht stolpere. Mache dein Wort in meinem Geist lebendig, damit es meinen Verstand und meine Seele erleuchtet. Lass es ein Wegweiser sein für jede Entscheidung, die ich treffe, und für jeden Schritt, den ich mache. Halte mich auf dem schmalen Pfad, der zum Leben führt. Hilf mir täglich, mir Zeit zu nehmen, um mit dir allein zu sein und deine Wahrheit noch besser kennenzulernen.

Die dein Gesetz lieben, haben großen Frieden, sie werden nicht zu Fall kommen.

Psalm 119,165

183

In Gottes Licht leben

Herr, »wie sehr liebe ich dein Gesetz! Den ganzen Tag denke ich darüber nach« (Psalm 119,97). Öffne meine Augen jedes Mal, wenn ich dein Wort lese oder höre, damit ich neue Schätze entdecke. Sprich zu mir und tröste mein Herz. Lass dein Wort in mir lebendig werden und gebrauche es, um meine Seele und meinen Geist zu ernähren, wie es das Essen für den Körper tut. Mein Herz soll sich nach deinem ausrichten. Führe du mich, Herr, damit ich deinen Willen für mein Leben erkennen kann. Lass das Licht der Wahrheit dort leuchten, wo ich gerade stehe, und zeige mir den nächsten Schritt.

Wenn deine Worte gelehrt werden, schenken sie Erleuchtung.

PSALM 119,130

184

In Gottes Licht leben

Herr, genauso wie die Scheinwerfer auf der Bühne einem Schauspieler zeigen, wohin er treten muss, um nicht zu fallen, so erleuchtet dein Wort meinen Weg, damit ich nicht stolpere. Ich bitte dich, dass du das Licht, das ich durch dein Wort erhalte, jeden Tag erneuerst, damit meine Füße immer auf festem Boden stehen.

Sende mir dein Licht und deine Wahrheit, sie sollen mich leiten und mich zu deinem heiligen Berg führen, zu dem Ort, an dem du wohnst.

PSALM 43,3

185

In Gottes Licht leben

Herr, hilf mir, mehr Zeit mit deinem Wort zu verbringen. Öffne meine Augen, dass ich deine Wahrheit während des Lesens erkennen kann. Präge dein Wort in meine Seele, sodass es Veränderungen bewirken kann, die von Dauer sind. Möge es mir beim Lesen Klarheit, Frieden, Sicherheit und Führung geben. Hilf mir, daran zu denken, dein Wort als Waffe gegen Satan zu gebrauchen. Stärke mich mit deinem zweischneidigen Schwert, das mächtiger ist als irgendeine Waffe, die der Feind gegen mich einsetzen könnte. Lass dein Wort Licht auf alle dunklen Bereiche meines Lebens werfen und meine Seele befreien, damit mein Herz vor Freude in deiner Gegenwart tanzen kann.

Das Wort Gottes ist lebendig und wirksam. Es ist schärfer als das schärfste Schwert und durchdringt unsere innersten Gedanken und Wünsche. Es deckt auf, wer wir wirklich sind, und macht unser Herz vor Gott offenbar.

Hebräer 4,12

186

Gott konsequent nachfolgen

Herr, ich danke dir, dass du mir alles Licht, das ich für diesen Tag brauche, gegeben hast. Ich möchte alles erleben, was du für mich bereithältst, und ich möchte dir gehorsam sein. Darum zeige mir, ob es irgendwo in meinem Leben einen Bereich gibt, in dem ich deinem Willen nicht ganz gehorsam bin. Wenn ich etwas nicht mache, obwohl du gerne möchtest, dass ich es tue, dann gib mir darüber Klarheit und hilf mir, es umzusetzen. Lass mich nicht von deinen Wegen abweichen. Ziehe mich aus dunklen Wassertiefen heraus und befreie mich von allem, was mich von dir fernhält. Ich stelle meinen Willen unter deinen und gebe mich dir ganz hin.

Selbst in der Finsternis wird es für den Gottesfürchtigen hell. Er ist gnädig, barmherzig und gerecht.

Psalm 112,4

187

Gott konsequent nachfolgen

Herr, ich möchte jemand sein, der durch deine Kraft vorangeht und dessen Gebete die Macht haben, bedeutsame Veränderung zu bewirken. Hilf mir, immer daran zu denken, dass ich durch die Kraft deines Geistes leben will und dass ich nicht versuche, etwas aus eigener Kraft zu tun. Zeige mir, wie ich deine Macht durch das Gebet erschließen und freisetzen kann. Hilf mir, ein Leben nach deinem Willen zu führen.

Deine Unschuld wird er sichtbar machen so hell wie das Licht des Tages, und die Rechtmäßigkeit deiner Sache wird leuchten wie die Mittagssonne.

Psalm 37,6

188

Gott konsequent nachfolgen

Herr, ich weiß, dass Gehorsam etwas ist, was du von Menschen erwartest, die dein Licht in sich tragen. Hilf mir, keine selbstsüchtigen Ansprüche an mein eigenes Leben zu stellen, sondern deinen Anweisungen zu folgen. Nimm alle Rebellion in mir weg und zeige sie mir durch deine Wahrheit. »Erforsche mich, Gott, und erkenne mein Herz, prüfe mich und erkenne meine Gedanken. Zeige mir, wenn ich auf falschen Wegen gehe und führe mich den Weg zum ewigen Leben« (Psalm 139,23-24). Herr, ich entscheide mich heute, dir zu gehorchen, weil ich weiß, dass mein Leben so am besten funktioniert. In den Lebensbereichen, in denen Gehorsam hart für mich ist, leite mich Schritt für Schritt. Ich möchte nichts tun, das das Licht, das du für meinen Weg hast, verdunkeln könnte.

Sie hassen das Licht, weil sie im Dunkeln Böses tun. Sie bleiben dem Licht fern, weil sie Angst haben, dass ihre Taten aufgedeckt werden. Wer sich aber nach der Wahrheit ausrichtet, tritt ans Licht und jeder kann sehen, dass er in Verantwortung vor Gott handelt.

JOHANNES 3,20-21

189

Gott konsequent nachfolgen

Herr, danke, dass du den Preis für meine Erlösung bezahlt hast. Hilf mir, dir gehorsam zu sein, weil du mich in meinem Leben mit deinem Licht und deiner Gegenwart überreich beschenkst. Zeige mir jeden Lebensbereich, in dem ich ungehorsam bin. Lass mich gewappnet sein für die Einflüsse, die mich von dem schmalen Pfad abkommen lassen. Zeige mir die Dinge in meinem Leben, die mit dir um meine Aufmerksamkeit wetteifern und versuchen, mich vom Kurs abzubringen. Hilf mir, klar den Weg zu erkennen, den du mich führst, damit ich immer zur rechten Zeit am rechten Ort bin.

Ihr könnt das Reich Gottes nur durch das enge Tor betreten. Die Straße zur Hölle ist breit und ihre Tür steht für die vielen weit offen, die sich für den bequemen Weg entscheiden. Das Tor zum Leben dagegen ist eng und der Weg dorthin ist schmal, deshalb finden ihn nur wenige.

Matthäus 7,13-14

190

Anfechtungen erleben

Herr, ich danke dir, dass du mein Verteidiger bist. Du bist mächtiger als jeder Plan, den Satan gegen mich hat. Danke, dass du mich niemals verlassen oder aufgeben wirst und dass du dich immer für meine Interessen stark machst. »Ich schaue hinauf zu den Bergen; woher wird meine Hilfe kommen? Meine Hilfe kommt vom Herrn, der Himmel und Erde gemacht hat« (Psalm 121,1-2). Egal, was auch geschieht, ich will auf dich sehen. Du befreist mich aus der Hand aller meiner Widersacher.

Behüte mich wie einen Augapfel und gib mir Zuflucht unter dem Schatten deiner Flügel. Beschütze mich vor den gottlosen Menschen, die mich vernichten wollen, und vor meinen Feinden, die mir von überall her nachstellen.

Psalm 17,8-9

191

Anfechtungen erleben

Herr, ich weiß, dass du mich schützt, wenn ich Schutz bei dir suche (Sprüche 30,5). Ich will keine Angst haben vor dem, was Menschen mir tun können. »Führe mich den rechten Weg, Herr, damit mich meine Feinde nicht überwältigen. Zeige mir, welchen Weg ich gehen soll« (Psalm 5,9). Ich selbst habe nichts, was ich für eine Verteidigung nutzen könnte. Ich kann mich nicht selbst und all das, was mir anvertraut ist, gegen die Waffen des Feindes schützen. Im Vergleich zu dir ist die Kraft Satans nichts.

Lacht nicht über mich, meine Feinde! Denn wenn ich auch falle, werde ich doch wieder aufstehen. Ist um mich herum auch alles dunkel, ist doch der Herr selbst mein Licht.

MICHA 7,8

192

Anfechtungen erleben

Herr, danke, dass du mein Verteidiger bist. Hilf mir, schon bei dem ersten Anzeichen von Anfechtungen daran zu denken. Danke, dass ich zu dir rufen kann, wenn mich der geistliche Kampf zu überfordern droht. Danke, dass du mich wieder auf die Füße stellst. Du bist es, o Gott, »der seinem Volk Macht und Stärke schenkt« (Psalm 68,36). Danke, dass deine Kraft in mir mächtig ist.

Gott hat die Macht zu helfen oder zu stürzen.

2. Chronik 25,8

193

Anfechtungen erleben

Ich danke dir, Herr, dass dein Wort sagt: »Doch keine Waffe, die gegen dich geschmiedet wird, wird erfolgreich sein« (Jesaja 54,17). Ich weiß, »du hast mir Kraft für den Kampf gegeben und mir meine Feinde unterworfen« (Psalm 18,40). Hilf mir, »nicht in der Finsternis mit ihren bösen Taten« zu leben und »zu den Waffen des Lichts« zu greifen (Römer 13,12). Lass ein Lied der Befreiung in meinem Herzen aufsteigen. Ich will dir zur Ehre Loblieder singen, während du für mich kämpfst. Ich werde mit dir die Anfechtungen in dem Wissen durchstehen, dass mir dein Licht auf meinem Weg den Sieg über die Anfechtung anzeigt.

Werdet stark durch den Herrn und durch die mächtige Kraft seiner Stärke! Legt die komplette Waffenrüstung Gottes an, damit ihr allen hinterhältigen Angriffen des Satans widerstehen könnt.

Epheser 6,10-11

194

Das Gesamtbild meines Lebens erkennen

Herr, ich gebe meine Sorgen bei dir ab und bitte dich um dein mächtiges Eingreifen. Zeige mir doch, was richtig ist, wenn ich nur noch das Falsche sehen kann. Ich bin entschlossen, das Gute zu sehen, und darum bitte ich dich, dass ich nicht durch meine eigenen Befürchtungen, Zweifel, Wünsche und voreilige Ideen geblendet werde. Ich bitte dich, mir deine Wahrheit in jeder Lebenslage zu zeigen. Segne mich mit der Fähigkeit, das gesamte Bild meines Lebens zu erkennen und das Wertvolle vom Unwichtigen unterscheiden zu können. Hilf mir, keine negativen Schlussfolgerungen zu ziehen, wenn etwas schiefzugehen scheint. Schenke, dass ich die Antworten auf meine Gebete erkennen kann. Ich vertraue dir, dass ich mit deiner Hilfe das Licht in allen Lebensumständen sehen kann.

Und wir wissen, dass für die, die Gott lieben und nach seinem Willen zu ihm gehören, alles zum Guten führt.

Römer 8,28

195

Das Gesamtbild meines Lebens erkennen

Herr, so oft habe ich für etwas gebetet und die Antwort auf mein Gebet nicht wahrgenommen, weil sie nicht meinen Vorstellungen entsprach. Vergib mir, wenn ich durch meine schlechte Wahrnehmungsfähigkeit undankbar war. Hilf mir, die Dinge aus deiner Perspektive zu sehen. Lass mich in allem deine Güte erkennen.

Dies ist der Tag, den der Herr gemacht hat. Lasst uns jubeln und fröhlich sein.

Psalm 118,24

196

Das Gesamtbild meines Lebens erkennen

Herr, wenn ich mich in schwierigen oder unbequemen Umständen befinde, lass mich alles aus deiner Perspektive sehen. Hilf mir, meinen Blick auf das zu richten, was in Ordnung ist, und nicht auf das, was scheinbar verkehrt läuft. Wo ich es nicht geschafft habe, deine gütige und segnende Hand in meinen Lebensumständen zu erkennen, vergib mir. Hilf mir, auf jedes Ereignis in meinem Leben mit Lobpreis zu reagieren. Befreie mich von einem undankbaren Herzen und hilf mir, mich nicht zu beschweren, wenn ich eigentlich danken sollte. Ich weiß, du bist ein guter Gott, und ich habe in Bezug auf mein Leben völliges Vertrauen zu dir. Ich freue mich an diesem und an jedem Tag, weil du für sie alle die Verantwortung trägst.

Doch ich vertraue fest darauf, dass ich noch sehen werde, wie gut Gott ist, solange ich lebe.

Psalm 27,13

197

Durch Prüfungen im Glauben wachsen

Herr, lass mich darin wachsen, deine Wege zu gehen, und leite mich in deinem Willen. Hilf mir, so stark in dir zu werden, dass ich nicht wanke oder zweifle. Ich möchte dein Wort und deine Anweisungen für mich verstehen. »Herr, stell mich auf die Probe und prüfe mich auf Herz und Nieren! Denn ich war mir deiner Gnade stets bewusst, und ich habe mich nach deiner Wahrheit gerichtet« (Psalm 26,2-3). Ich möchte alle Glaubensprüfungen erfolgreich bestehen, in die du mich stellst.

In der Nacht hast du meine Gedanken geprüft und mein Herz auf die Probe gestellt. Du hast mich angesehen und nichts Falsches an mir gefunden, denn ich habe mir vorgenommen, mit meinen Worten nicht zu sündigen.

PSALM 17,3

198

Durch Prüfungen im Glauben wachsen

Herr, ich möchte nicht im Dschungel des Lebens umherirren und immer wieder das Gleiche erleben, nur weil ich die Lektion nicht verstanden habe. Ich bitte dich, dass ich immer ein lernwilliges Herz habe, das deine Hand in meinem Leben erkennt und deine Weisungen gerne annimmt. Hilf mir, deinem Zeitplan zu vertrauen. Schenke mir einen unerschütterlichen Glauben und die Gewissheit, dass sogar die Prüfungen genügend Licht für den Schritt bereitstellen, den ich gegenwärtig gerade tue, wenn nur ich mit dir gehe.

Die ganze Welt soll unseren Gott preisen und ihn mit lauter Stimme loben. Denn unser Leben liegt in seiner Hand, er bewahrt unsere Füße vor dem Stolpern. Gott, du hast uns auch geprüft und uns gereinigt wie Silber im Schmelzofen.

Psalm 66,8-10

199

Durch Prüfungen im Glauben wachsen

Herr, ich weiß, dass wir oft dann unsere schwierigste Prüfung bestehen müssen, kurz bevor du dein größtes Werk in unserem Leben tust. Daran möchte ich mich erinnern, wenn ich durch eine Zeit der Prüfung und Versuchung gehe. Inmitten solcher Zeiten möchte ich eine Lebenseinstellung haben, die von Lobpreis, Anbetung, großem Glauben und Vertrauen geprägt ist. Leite mich durch diese Zeiten und hilf mir zu hören, wenn du zu meinem Herzen sprichst.

Doch wenn der Geist der Wahrheit kommt, wird er euch in alle Wahrheit leiten. Er wird nicht seine eigenen Anschauungen vertreten, sondern wird euch sagen, was er gehört hat. Er wird euch von dem erzählen, was kommt.

Johannes 16,13

Durch Prüfungen im Glauben wachsen

Herr, hilf mir, mich auch dann noch zu freuen, wenn ich Versuchungen erlebe, weil ich weiß, dass die Glaubensprüfungen Gutes hervorbringen. Schenke mir das Vertrauen und die Gewissheit, dass ich wegen dir und all dessen, was du in meinem Leben getan hast und gerade tust, zufrieden sein kann und mir nichts fehlt. Hilf mir, in den Prüfungen meines Gehorsams, meines Glaubens und meiner Liebe nicht zu versagen. Ich möchte in diesen Bereich vollkommener werden, weil ich weiß, dass es mir zum größten Segen werden wird. Ich preise dich in all dem, was in meinem Leben geschieht.

Liebe Brüder, wenn in schwierigen Situationen euer Glaube geprüft wird, dann freut euch darüber. Denn wenn ihr euch darin bewährt, wächst eure Geduld. Und durch die Geduld werdet ihr bis zum Ende durchhalten, denn dann wird euer Glaube zur vollen Reife gelangen und vollkommen sein und nichts wird euch fehlen.

Jakobus 1,2-4

Für den »Dschungel des Lebens« ausgerüstet sein

Herr, wo auch immer du bist, da bin ich zu Hause. Erleuchte mit deinem Licht den Weg, den du für mich vorgesehen hast, denn ich weiß, dass alle meine Tage in deinen Händen sind. Vergib mir mein Klagen oder wenn ich ein weniger dankbares Herz wegen meines jetzigen Zustands habe. Mir ist bewusst, dass meine Einstellung einen direkten Einfluss darauf haben wird, ob ich mich im Kreis bewege oder ob ich das »Verheißene Land« betrete, das du für mich bereithältst. Hilf mir, dir bei jedem Schritt zu vertrauen. Öffne meine Augen für alle Segnungen, die ich in diesem Augenblick erlebe. Ich verlasse mich darauf, dass deine Gnade für diesen Tag und für alle kommenden Tage ausreicht.

Meine Schafe hören auf meine Stimme; ich kenne sie, und sie folgen mir.

Johannes 10,27

Für den »Dschungel des Lebens« ausgerüstet sein

Herr, ich weiß, dass es nicht darauf ankommt, wo wir uns befinden, sondern wer bei uns ist. Wenn ich also einmal meine gewohnte Umgebung oder Vertrautes zurücklassen muss, um Neuland zu betreten, dann erinnere mich daran, dass du bei mir bist und mich niemals verlassen oder aufgeben wirst. Danke, dass du in der Vergangenheit für meine Bedürfnisse gesorgt hast und mich auch in der Zukunft versorgen wirst, wie du es in deinem Wort versprochen hast.

Bittet, und ihr werdet erhalten, um was ihr gebeten habt. Sucht und ihr werdet finden. Klopft an, und die Tür wird euch geöffnet werden. Denn wer bittet, wird erhalten. Wer sucht, wird finden. Und die Tür wird jedem geöffnet, der anklopft.

Matthäus 7,7-8

Für den »Dschungel des Lebens« ausgerüstet sein

Herr, wenn du mich in eine undurchsichtige Situation führst, will ich ihr positiv gegenüberstehen, weil ich weiß, dass du bei mir sein wirst. Öffne meine Augen für all die Segnungen, die du für jeden Augenblick hast. Wenn ich etwas abgeben oder aufgeben muss, hilf mir, dies bereitwillig und freudig zu tun. Ich möchte erfahren, dass im Zentrum deines vollkommenen Willens Sicherheit herrscht. Ich will mich nicht wie die Israeliten beklagen und am Ende jahrelang umherirren. Ich will aus den Prüfungen lernen und Fortschritte machen auf all das zu, was du für mich vorgesehen hast.

Dann rief er [Jesus] seine Jünger und die Menge zu sich. »Wenn jemand mir nachfolgen will«, sagte er, »muss er sich selbst verleugnen, sein Kreuz auf sich nehmen und mir nachfolgen.«

Markus 8,34

204

Meine Träume Gott geben

Herr, ich überlasse dir heute alle meine Hoffnungen und Träume. Wenn es etwas gibt, wonach ich mich sehne und das keinen Anteil in meinem Leben haben soll, dann bitte ich dich, den Wunsch danach wegzunehmen, damit die Türen für das, was in meinem Leben sein *sollte*, geöffnet werden können. Mir ist bewusst, wie gefährlich es ist, Träume zu wichtig zu nehmen – meinem Leben etwas aufzuzwingen, was ich mir für mich selbst ausgedacht habe. Ich lege alles, wonach ich mich sehne, vor dich hin. Anstatt der Träume und Wünsche möchte ich viel lieber noch mehr Verlangen nach *dir* haben. Die Wünsche meines Herzens sollen im Einklang mit den Wünschen *deines* Herzens stehen.

Freu dich am Herrn, und er wird dir geben, was dein Herz wünscht.

Psalm 37,4

205

Meine Träume Gott geben

Herr, ich weiß, dass du Träume in mein Herz gelegt hast, damit du deine Ziele erreichen kannst. Du willst, dass ich eine Vision für meine Zukunft habe. Aber ich weiß auch, dass meine Träume und Bestrebungen dich nicht ausschließen dürfen. Deshalb übergebe ich dir alle meine Träume und bitte dich um eine Vision für meine Zukunft.

Wenn ein Volk das prophetische Wort nicht annimmt, verliert es jeden Halt.

SPRÜCHE 29,18

206

Meine Träume Gott geben

Herr, so hart es auch für mich ist, dir die Hoffnungen und Träume für mein Leben abzugeben: Ich lege sie alle zu deinen Füßen. Ich weiß, wenn ich mich von ihnen trenne, wirst du sie entweder für immer begraben oder zu neuem Leben erwecken. Ich akzeptiere deine Entscheidung und beuge mich deinem Willen. Leite mich auf deinem Weg, Herr. Ich will keine Visionen verkünden, die ich mir selbst ausgedacht habe (Jeremia 23,16). Du hast nie gesagt, dass das Leben einfach sein wird. Du hast aber versprochen, dass du bei mir sein wirst. Jetzt gehe ich Schritt für Schritt, geleitet durch das Licht deiner Gegenwart.

Ich will mich über meinen Herrn freuen und jubeln. Denn Gott ist mein Heil! Der Herr, der Allmächtige, ist meine Kraft! Mit ihm kann ich so sicher wie eine Gazelle über die Felsen springen und wohlbehalten die Berge überqueren.

HABAKUK 3,17-18

207

Meine Träume Gott geben

Herr, der größte Traum für mein Leben und die tiefste Sehnsucht meines Herzens ist (nennen Sie Ihren größten Traum). Ich übergebe diesen Traum heute in deine Hände. Nimm die Sehnsucht danach aus meinem Sinn, wenn er nicht von dir ist, und hilf mir, ihn zu vergessen. Wenn er aber deinem Willen für mich entspricht, dann vertraue ich dir, dass du neue Hoffnung in mir weckst und diesen Traum nach deinem perfekten Zeitplan geschehen lässt. Ich gebe dir alle Begabungen und Talente, die du in mich hineingelegt hast, und bitte dich, sie zu deiner Ehre zu gebrauchen. Ich komme zur Ruhe in dem Wissen, dass mein Leben in deinen Händen ist. Das gibt mir Freude und Frieden.

Lobt den Herrn, weil er meinen Hilferuf erhört hat. Der Herr ist meine Stärke und beschützt mich. Ich habe von ganzem Herzen auf ihn vertraut und er hat mir geholfen. Darum freue ich mich und danke ihm mit meinem Lied.

Psalm 28,6-7

208

Warten lernen

Herr, ich schaue heute voll Erwartung auf dich. Ich setze meine Hoffnung auf dein Wort und bitte dich, mich von Neuem mit deinem Heiligen Geist zu erfüllen und alle Unruhe und allen Zweifel wegzunehmen. Ich möchte nicht, dass meine Ungeduld oder mein Mangel an Vertrauen alles behindern, was du an mir verändern willst. Auch wenn ich meine, dass ich zum Stillstand gekommen bin, weiß ich, dass ich doch noch Fortschritte auf meinem Weg mache, solange ich an dir festhalte.

Der Herr ist gut zu denen, die auf ihn warten und ihn suchen. Deshalb ist es gut, still zu werden und auf die Befreiung durch den Herrn zu warten.

KLAGELIEDER 3,25-26

209

Warten lernen

Herr, wenn ich auf dich schaue, dann hilf mir, deine Wege besser zu verstehen und nicht ungeduldig oder entmutigt zu werden, weil mein Zeitplan nicht mit deinem übereinstimmt. Bringe jede dunkle Ecke in meiner Seele ans Licht, die aufgedeckt werden muss. Stärke meinen Glauben, damit ich auf deinen unfehlbaren Zeitplan für mein Leben vertrauen kann. Hilf mir, in dir zu ruhen und mit dem Schritt zufrieden zu sein, den ich gerade tue.

Ich hoffe auf den Herrn von ganzem Herzen, und ich vertraue auf sein Wort. Ich warte auf den Herrn, mehr als die Wachen auf den Morgen, ja, mehr als die Wachen auf den Morgen.

PSALM 130,5-6

210

Warten lernen

Herr, ich entscheide mich heute, auf *dich* zu hoffen, anstatt nur zu hoffen, dass irgendetwas geschieht. Ich möchte mich deinem vollkommenen Willen für mein Leben nicht mehr entziehen. Doch genauso wenig will ich nur kleine Schritte oder gar Rückschritte machen, weil ich keinen Mut habe, Entscheidungen zu treffen. Zeige mir, wo ich deinen Willen nicht umgesetzt habe. Ich möchte deinem Wort vertrauen und mich an dir erfreuen. Ich ruhe heute in dir und erwarte geduldig von dir, dass du alles, was in meinem Leben geschehen soll, auch zustande bringst. Segne mich mit Geduld für diesen Prozess.

Vertraue auf den Herrn! Sei mutig und tapfer und hoffe geduldig auf den Herrn!

Psalm 27,14

211

Meine Berufung leben

Herr, ich weiß, dass du ein großartiges Ziel für mich und einen Plan für mein Leben hast. Öffne meine Ohren, damit ich deine Stimme hören kann, die mich zu allem hinführt, was du für mich vorgesehen hast. Lass mein Herz mit deinem Herzen übereinstimmen und bereite mich vor, damit ich verstehen kann, wohin ich gehen und was ich tun soll. Hilf mir, deinen Ruf zu hören. Wenn meine Erwartungen und Pläne nicht mit deinem Willen für mich übereinstimmen, dann gebe ich sie an dich ab. Ich gebe meine selbstsüchtigen Wünsche auf. Lieber tue ich dies, als nie verwirklicht zu haben, wozu du mich geschaffen hast.

Aber ihr seid anders, denn ihr seid ein auserwähltes Volk. Ihr seid eine königliche Priesterschaft, Gottes heiliges Volk, sein persönliches Eigentum. So seid ihr ein lebendiges Beispiel für die Güte Gottes, denn er hat euch aus der Finsternis in sein wunderbares Licht gerufen.

1. Petrus 2,9

Meine Berufung leben

Herr, ich erhebe dich über alles. Möge dein Reich heute kommen und dein Wille geschehen wie im Himmel, so auf Erden. Hilf mir, die Berufung anzunehmen, die du für mich hast. Zeige mir, was ich für dich und wann ich es nach deinem Zeitplan tun soll. Ich weiß, dass du einen tiefen Sinn für mein Leben hast. Hilf mir, ein großartiger Botschafter für dein Königreich zu sein. Lass andere Menschen durch das, was sie bei mir von dir entdecken können, dich mehr lieben. Nur durch die Kraft deines Geistes kann das geschehen.

Doch diesen kostbaren Schatz tragen wir in zerbrechlichen Gefäßen, nämlich in unseren schwachen Körpern. So kann jeder sehen, dass unsere Kraft ganz von Gott kommt und nicht unsere eigene ist.

2. Korinther 4,7

213

Meine Berufung leben

Herr, wenn ich dich eines Tages von Angesicht zu Angesicht sehen werde, möchte ich, dass deine Stimme zu mir sagen kann: »Gut gemacht, mein guter und treuer Diener.« Deshalb hilf mir jetzt, ganz genau auf deine Stimme hören zu können. Ich will Frucht bringen und nicht unerfüllt sein, nur weil ich niemals deinen Ruf richtig gehört habe. Erfülle mich mit deiner wunderbaren Stärke, damit ich wunderbare und große Dinge für andere Menschen tun kann, denn dazu hast du mich berufen. Ich bin fest entschlossen, diesen Weg Schritt für Schritt mit dir zu gehen, sodass ich zu dem werde, wozu du mich geschaffen hast.

Bring meine Söhne aus der Ferne, meine Töchter aus allen Winkeln der Erde – alle, die nach meinem Namen benannt sind, die ich zu meiner Ehre gemacht habe, die ich gebildet und erschaffen habe.

Jesaja 43,7

214

Meine Berufung leben

Herr, ich weiß, dass deine Berufung für mein Leben das Dienen, den Gehorsam gegenüber deinen Geboten und ständiges Wachsen in der Anbetung einschließt. Hilf mir, all dies gemäß deinem Willen zu tun. Zeige mir, wo ich dies noch nicht so tue, wie du es gerne hättest. Ich weiß, dass ich aus der Dunkelheit befreit wurde, um deine Herrlichkeit zu loben. Darum will ich dies heute tun und verkünden, dass alles Lob dir gebührt, oh Herr über Himmel und Erde.

Und da er sie erwählt hat, hat er sie auch berufen, zu ihm zu kommen. Er hat sie gerecht gesprochen und hat ihnen Anteil an seiner Herrlichkeit gegeben.

Römer 8,30

215

Niemals aufgeben

Herr, meine Zeit steht in deinen Händen. Danke, dass mein Leben auf dieser Erde erst zu Ende ist, wenn du es sagst. Und wenn diese Zeit kommt, werde ich dich von Angesicht zu Angesicht sehen und in deiner Gegenwart wohnen. Danke, dass du mich niemals aufgibst, sogar wenn ich mich selbst aufgegeben habe. Ich bin so froh darüber, dass mein Leben unabhängig von meinem Alter immer einen Sinn hat, weil du große Aufgaben für mich hast, die ich tun soll.

Denn sie sind im Hause des Herrn gepflanzt und blühen in den Vorhöfen unseres Gottes. Noch im hohen Alter werden sie Frucht bringen und werden grün und lebendig bleiben.

PSALM 92,14-15

216

Niemals aufgeben

Danke, Herr, dass deine Berufung für mein Leben so lange anhält, bis ich eines Tages bei dir bin. Aber ich weiß auch, dass sich die kleinen Einzelheiten, wie ich den Sinn meines irdischen Lebens auslebe, ändern können. Hilf mir, immer deine Stimme zu hören, die mich auf dem Weg leitet, den ich gehen soll.

Du wirst mir den Weg zum Leben zeigen und mir die Freude deiner Gegenwart schenken. Aus deiner Hand kommt mir ewiges Glück.

Psalm 16,11

217

Niemals aufgeben

Herr, wenn es für mich Zeit wird, etwas anderes zu tun, dann hilf mir, nicht an der Vergangenheit zu hängen oder Angst davor zu haben, meinen Blick auf die Zukunft zu richten, die du für mich bereithältst. Dein Wort sagt, dass deine Pläne für mich gut sind, und ich weiß, dass ich in Sicherheit bin, solange ich jeden Tag mit dir lebe. Gib mir Kraft, Mut, Gesundheit, Weisheit und Vertrauen für den Weg mit dir. Ich vertraue dir, dass du mich auf dem richtigen Weg bewahrst und dass du mir weiterhin das nötige Licht für den Schritt gibst, den ich gerade tue.

Höre auf guten Rat und nimm Zurechtweisungen an, damit du für den Rest deines Lebens weise wirst.

Sprüche 19,20

Niemals aufgeben

Herr, ich weiß, dass ich nicht unbedingt immer gleichbleibende Frucht bringen werde. Wenn ich mich in einer Zeit der Ruhe befinde, die verhindert, dass ich genügend Kraft habe, dann hilf mir, unbesorgt zu sein, dass mein Leben zu Ende sein könnte. Hilf mir, dem nicht entgegenzusteuern, wenn es Zeit für eine Veränderung meines Herzens ist. Danke, dass du mich immer gebrauchen wirst, wenn ich mich von dir gebrauchen lasse.

Nicht durch Gewalt und Kraft wird es geschehen, sondern durch meinen Geist, spricht der Herr, der Allmächtige.

Sacharja 4,6

Niemals aufgeben

Herr, ich bitte dich, dass ich meine Ausrichtung auf den Sinn meines Lebens ständig erneuern kann. Gebrauche mich zu deiner Ehre, solange ich hier auf Erden bin. Hilf mir, mich nie gegen eine Veränderung zu sträuben, sondern stattdessen immer offen für etwas Neues und für das zu sein, was du in meinem Leben tun möchtest. Ich will nicht an dem alten Leben hängen, wenn du einen neuen Anfang machen willst. Hilf mir, immer mit deinem Wort und im intensiven Gespräch mit dir zu leben. Lass mich nur den Rat von Menschen suchen, die fest auf dich vertrauen, damit ich nicht das Licht übersehe, das deinen Weg für mich erleuchtet.

Herr, zeige mir die Wege, die ich gehen soll, und weise mir die Pfade, denen ich folgen soll. Führe mich und lehre mich, nach deiner Wahrheit zu leben, denn du bist der Gott, der mich rettet. Auf dich hoffe ich zu jeder Zeit.

Psalm 25,4-5

Mit Enttäuschungen umgehen lernen

Herr, du allein führst mich, du bist mein Begleiter, meine Stärke und mein Leben. Ich brauche keinen anderen zur Erfüllung meiner Erwartungen, denn alle meine Hoffnungen und Erwartungen sind auf dich gerichtet. Zeige mir, was ich sehen soll. Lass Enttäuschungen nicht meinen Verstand, meine Gefühle und mein äußeres Erscheinungsbild prägen. Ich überlasse alle Einzelheiten meines Lebens deiner Verantwortung, sogar den Schmerz, den ich in meinem Herzen fühle. Gebrauche ihn zu deiner Ehre und um mich zu vervollkommnen. Danke für deine nie endende Güte für mich. Ich hebe meine Hände auf zu dir und vertraue darauf, dass die Kraft, die ich im Moment habe, ausreichend ist für das, was ich heute und in diesem Augenblick bewältigen muss.

Unsere Vorfahren haben dir vertraut, und da hast du sie befreit.

Psalm 22,5

Mit Enttäuschungen umgehen lernen

Herr, ich weiß, dass Zeiten der Enttäuschung nicht zu vermeiden sind, weil das Leben nicht immer unseren Erwartungen entsprechen kann. Aber wenn jemand oder etwas mich enttäuscht oder ich mich selbst enttäusche, dann hilf mir daran zu denken, dass ich meine Erwartungen an dich richten will. Hilf mir im Gedächtnis zu behalten, dass Glück und Erfüllung, die ich im Leben erfahre, nicht von anderen Menschen oder Situationen abhängen, sondern von dir. Du bist alles, was ich brauche – in jeder Lebenslage.

Lacht nicht über mich, meine Feinde! Denn wenn ich auch falle, werde ich doch wieder aufstehen. Ist um mich herum auch alles dunkel, ist doch der Herr selbst mein Licht.

Micha 7,8

Mit Enttäuschungen umgehen lernen

Herr, in Zeiten großer Enttäuschung will ich mich an dir festhalten. Zeige mir, was ich lernen soll, während ich durch solche Zeiten gehe. Lass mich deine Wahrheit in jeder Lebenslage erkennen. Hilf mir zu durchschauen, was wirklich los ist. Halte mich davon ab, mich über die äußeren Umstände zu ärgern oder mich mit ihnen nicht versöhnen zu können. Stattdessen will ich deine Nähe suchen, damit du mir deine Güte in jeder Situation zeigen kannst. Ich will immer in dir ruhen, weil ich weiß, dass du mein Leben in deinen Händen hältst.

Ich will fest auf Gott vertrauen, denn er ist meine Hoffnung.

Psalm 62,6

223

Mit Problemen in Beziehungen umgehen lernen

Herr, ich gebe alle meine Beziehungen an dich ab und bitte dich, dass du sie in deine Hände nimmst. Lass deinen Geist der Einheit in jeder einzelnen Beziehung regieren. Wenn es welche gibt, mit denen du nicht einverstanden bist, dann zeige sie mir. Was meine Beziehung zu (nennen Sie jemanden, zu der/dem Sie eine Beziehung haben) angeht, bitte ich dich, dass dein Geist der Liebe und des Friedens zwischen uns herrscht. Leite sie/ihn auf dem Weg, den sie/er gehen soll. Segne sie/ihn und hilf ihr/ihm, eine engere Beziehung zu dir aufzubauen. Leite uns beide durch alle schwierigen Zeiten und hilf uns, Satans Machenschaften zu erkennen, wenn er zum Lügen und Zerstören kommt.

Doch wenn wir wie Christus im Licht Gottes leben, dann haben wir Gemeinschaft miteinander, und das Blut von Jesus, seinem Sohn, reinigt uns von jeder Schuld.

1. Johannes 1,7

Mit Problemen in Beziehungen umgehen lernen

Herr, zeige mir jeden, dem ich nicht vergeben habe, damit ich dir dies als Sünde bekennen kann. Besonders bete ich für meine Beziehung zu (nennen Sie jemanden, dem Sie vergeben sollten). Schaffe zwischen uns Versöhnung. Hilf mir, dieser Person in Demut zu begegnen und ihre Bedürfnisse an die erste Stelle zu setzen, damit Wunden geheilt und die Beziehung wiederhergestellt werden kann.

Lasst euer Opfer vor dem Altar liegen, geht zu dem Betreffenden und versöhnt euch mit ihm. Erst dann kommt zurück und bringt Gott euer Opfer dar.

Matthäus 5,24

Mit Problemen in Beziehungen umgehen lernen

Herr, leuchte mit deinem alles erkennenden Licht in alle meine Beziehungen hinein und zeige mir deine Wahrheit. Erhelle jeden Punkt in mir, der durch Unversöhnlichkeit entstanden ist. Ich will sie dir als Sünde bekennen. Ersetze Missverständnis durch Versöhnung. Hilf mir dort, wo ich mehr Demut lernen muss. Schenke, dass ich mich so verändern kann, wie es nötig ist, und lass mich nicht wieder den »alten Menschen« anziehen. Hilf mir, mich von ganzem Herzen dem Gebet hinzugeben für meine Familie, Freunde und andere Menschen, die du in mein Leben gestellt hast. Lehre mich so zu lieben, wie du es tust. Ich lege meine Hand in deine, während ich auf dem Weg des Glaubens vorangehe. Deine bedingungslose Liebe gibt mir dabei Ziel und Richtung an.

Befreit euch von Bitterkeit und Wut, von Ärger, harten Worten und übler Nachrede sowie jeder Art von Bosheit. Seid stattdessen freundlich und mitfühlend zueinander und vergebt euch gegenseitig, wie auch Gott euch durch Christus vergeben hat.

Epheser 4,31-32

226

Mit Problemen in Beziehungen umgehen lernen

Herr, ich lege dir alle meine Beziehungen offen hin. Hilf mir, nicht zu stark an ihnen festzuhalten, aber dafür umso stärker an dir. Ich weiß, dass Satan Streit und Uneinigkeit in meine Beziehungen bringen will. Darum bitte ich dich, dass du jede einzelne in deine Hände nimmst. Hilf mir, demütig und rücksichtsvoll, mitfühlend und liebevoll mit jeder Person umzugehen. Mach mich bereit, mich für andere so einzusetzen, wie du es mir zeigst. Lass mich uneigennützig handeln, wenn ich mich um die Interessen anderer kümmere.

Seid nicht selbstsüchtig; strebt nicht danach, einen guten Eindruck auf andere zu machen, sondern seid bescheiden und achtet die anderen höher als euch selbst. Denkt nicht nur an eure eigenen Angelegenheiten, sondern interessiert euch auch für die anderen und für das, was sie tun.

Philipper 2,3-4

Wenn ich gestresst bin

Herr, auch wenn es viele erschreckende oder stressige Ereignisse im Leben geben kann, weiß ich doch, dass deine Macht größer ist als sie. Auch wenn es zu viel für mich ist, was ich erlebe, ist es doch für dich nicht zu viel. Alles, was ich bewältigen muss, ist nichts im Vergleich zu deiner Fähigkeit, Probleme zu lösen. Herr, ich bringe dir das, was mich am meisten erschreckt, und bitte dich, mich und die Menschen, die ich liebe, davor zu beschützen. Besonders bringe ich vor dich (nennen Sie ein stressiges Ereignis) und bitte dich, dass du Hilfe schenkst.

Gott, vernimm mein Schreien! Höre mein Gebet! Vom Ende der Erde schreie ich zu dir um Hilfe, denn ich habe Angst. Führe du mich in Sicherheit, denn bei dir finde ich Zuflucht. Du bist wie eine Burg, in der ich vor meinen Feinden geborgen bin.

Psalm 61,2-4

Wenn ich gestresst bin

Herr, egal, was ich tun muss, damit mein Weg von Sicherheit und Frieden gekennzeichnet ist, zeige mir, was ich tun soll, und hilf mir dabei, dies zu tun. Gib mir Weisheit und Kraft in meinen Gedanken, damit ich auch inmitten einer schwierigen oder stressigen Situation hören kann, was du zu mir sagst. Ich weiß, der Feind »zwingt mich, im Dunkeln zu leben wie die Toten im Grab. Ich verliere alle Hoffnung, ich bin gelähmt vor Angst. Zeige mir einen Weg, den ich gehen soll, denn ich habe dich darum gebeten« (Psalm 143,3-4.8). Lass mein Leben ein Zeugnis für die Kraft deiner Herrlichkeit sein, die sich durch einen Lebenswandel in deinem Licht zeigt.

Der Herr ist mein Licht und mein Heil, vor wem sollte ich mich fürchten? Der Herr beschützt mich vor Gefahr, vor wem sollte ich erschrecken?

Psalm 27,1

229
Wenn ich gestresst bin

Herr, ich bitte dich darum, mir Menschen in mein Leben zu stellen, die regelmäßig mit mir beten möchten. Lass es Menschen sein, die vertrauenswürdig sind, fest im Glauben stehen und an Gebetserhörungen glauben. Hilf mir zu erkennen, wer diese Personen sein können. Ich weiß, dass ich die Gebetsunterstützung von Menschen mit einem starken Glauben brauche, wenn ich Dinge bewältigen muss, die mir über den Kopf wachsen. Hilf mir, mutig genug zu sein, sie um ihre Gebetsunterstützung zu bitten.

Wenn euer Glaube nur so klein wäre wie ein Senfkorn, ... könntet ihr zu diesem Maulbeerfeigenbaum sagen: »Du sollst dich entwurzeln und ins Meer werfen«, und er würde euch gehorchen!

LUKAS 17,6

Wenn ich gestresst bin

Herr, hilf mir alles, was mir über den Kopf zu wachsen scheint, als ein Zeichen zu erkennen, dass ich sofort deine Nähe suchen und beten sollte. Lass mich erkennen, was vor sich geht, und zeige mir, wie ich dafür beten kann. Ich weiß, dass deine vollkommene Liebe alle Angst vertreibt. Lass mich in deiner Liebe wachsen, damit ich nicht dem Schmerz zum Opfer falle, den Angst mit sich bringt. Gib mir ein tieferes Gespür für deine Nähe, denn ich weiß, dass deine Gegenwart alles übertrifft, was mich zu überwältigen scheint.

Unsere Liebe kennt keine Angst, weil die vollkommene Liebe alle Angst vertreibt. Wer noch Angst hat, rechnet mit Strafe, und das zeigt, dass seine Liebe in uns noch nicht vollkommen ist.

1. Johannes 4,17-18

231

Gott in Zeiten der Trauer suchen

Herr, nur du kannst die Leere im Tal der Trauer füllen, das in meinem Herzen zurückgeblieben ist durch erfahrene Verluste. Danke, dass du die Konstante in meinem Leben bist, die mir niemals verloren gehen kann. Alles andere ist zeitlich und vergänglich. Ich weiß, dass du ein guter Gott bist und deine Liebe zu mir ohne Ende ist. Hilf mir, meinen ganzen Kummer auf dich zu werfen und dich ihn tragen zu lassen. Auch wenn es Zeiten geben wird, in denen es den Anschein hat, als könnte ich den Schmerz nicht überstehen, weiß ich doch, dass du mich halten wirst.

Denn das Volk, das in der Dunkelheit lebt, sieht ein helles Licht. Und über den Menschen in einem vom Tode überschatteten Land strahlt ein heller Schein.

JESAJA 9,1

Gott in Zeiten der Trauer suchen

Herr, hilf mir, über alles Leid und allen Kummer in meinem Leben hinwegzukommen. Mir ist klar, dass das Leben weitergehen muss, und ich bitte dich, mir heute beim Gehen des nächsten Schrittes zu helfen. Ich kann mir zwar ein Leben ohne den Schmerz, den ich spüre, fast nicht vorstellen, aber bei dir ist alles möglich. Deine heilende Kraft kann alles wiederherstellen – sogar ein gebrochenes Herz. Sei bei mir, Herr. Ich vertraue dir, dass du meine Hand nehmen und mich führen wirst, bis ich dein Licht wieder sehen und mich wieder von Herzen freuen kann.

Denke an dein Versprechen, das du mir gegeben hast, denn es ist meine einzige Hoffnung. Dein Versprechen schenkt mir neuen Lebensmut, es tröstet mich in allem Kummer.

Psalm 119,49-50

Gott in Zeiten der Trauer suchen

Herr, ich bitte dich, dass du mich von allem Kummer heilst, den ich in meinem Herzen trage. Ich bin mir sicher, dass unabhängig von der Dunkelheit um mich her dein Licht in mir niemals ausgelöscht werden kann. Dein Wort sagt, dass, egal wie groß der Verlust auch ist, eine Zeit kommen wird, in der mein Kummer vorbei sein wird. Dafür danke ich dir.

Deine Sonne wird nicht mehr untergehen und dein Mond nicht mehr verschwinden, denn der Herr wird dein ewiges Licht sein.

Jesaja 60,20

Gott in Zeiten der Trauer suchen

Herr, ich bitte dich, dass du den in der Vergangenheit erfahrenen Verlust und den Kummer, den ich immer noch in meinem Herzen trage, wegnimmst. Ich will mit dir gehen und dich diese Last für mich tragen lassen. Wenn ich nicht genug getrauert habe, hilf mir, jede Träne noch zu weinen, die vergossen werden muss, damit meine Seele ganz frei wird. Wenn es noch Unversöhnlichkeit, Bitterkeit oder Ablehnung in meinem Herzen gibt, bekenne ich dies vor dir als Sünde und bitte dich, mich von diesen zermürbenden Gefühlen zu befreien. Danke, dass du mich in meiner Trauerzeit tröstest.

Gott segnet die, die traurig sind, denn sie werden getröstet werden.

Matthäus 5,4

Die Vergangenheit hinter sich lassen

Herr, ich überlasse dir meine Vergangenheit. Ich gebe meine schlechten Erinnerungen an dich ab und bitte dich, dass du mich ganz heil machst, sodass mich die Erinnerungen nicht mehr stören, quälen oder kontrollieren können. Hilf mir, dass meine Vergangenheit nicht mehr das Heute beeinflusst. Ich gebe dir mein früheres Versagen im Bereich von (nennen Sie ein immer wiederkehrendes Problem) und bitte dich, dass du mich befreist. Obwohl ich vielleicht nicht in der Lage bin, der Anziehungskraft gewisser Dinge aus eigener Kraft zu widerstehen, so weiß ich doch, dass du mich befreien kannst. Mache mich zu einem Beweis für deine heilende und befreiende Kraft.

Das bedeutet aber, wer mit Christus lebt, wird ein neuer Mensch. Er ist nicht mehr derselbe, denn sein altes Leben ist vorbei. Ein neues Leben hat begonnen!

2. Korinther 5,17

Die Vergangenheit hinter sich lassen

Herr, ich bekenne dir jede Unversöhnlichkeit in meinem Herzen, die Ereignisse in der Vergangenheit betrifft, und ich vergebe allen daran beteiligten Personen. Besonders vergebe ich (nennen Sie den Namen der Person, der Sie vergeben müssen). Herr, heile alle entstandenen Missverständnisse und Verletzungen. Ich weiß, dass ich niemals frei und heil sein kann, wenn ich mich durch Unversöhnlichkeit an andere binde. Deshalb bitte ich dich, dass du alle unbewusste Unversöhnlichkeit bei mir ans Licht bringst. Zeige mir alles, was ich sehen muss, um aus dem Schatten meiner Vergangenheit herauszukommen und in dein Licht zu gelangen.

Denkt nicht mehr daran, was war und grübelt nicht mehr über das Vergangene. Seht hin; ich mache etwas Neues, schon keimt es auf. Seht ihr es nicht? Ich bahne einen Weg durch die Wüste und lasse Flüsse in der Einöde entstehen.

Jesaja 43,18-19

237

Die Vergangenheit hinter sich lassen

Herr, erneuere mich in meinem Geist und in meinem Denken. Wo ich in der Vergangenheit falsche Entscheidungen getroffen habe, bitte ich dich, dass du mir dies vergibst und aus diesen Fehlern etwas Gutes machst. Hilf mir, mir selbst zu vergeben, damit ich die Fehler nicht in meinen Gedanken immer wieder durchspiele. Nimm all mein Versagen aus der Vergangenheit und gebrauche es heute für etwas Gutes. Weil ich meine Zukunft in deine Hände gegeben habe, muss ich nicht befürchten, die Ereignisse aus der Vergangenheit könnten mich vom Weiterkommen in meinem Leben mit dir abhalten.

Deshalb sollt ihr euer altes Wesen und eure frühere Lebensweise ablegen, die durch und durch verdorben war und euch durch trügerische Leidenschaften zu Grunde richtete. Lasst euch stattdessen einen neuen Geist und ein verändertes Denken geben. Als neue Menschen, geschaffen nach dem Ebenbild Gottes und zur Gerechtigkeit, Heiligkeit und Wahrheit berufen, sollt ihr auch ein neues Wesen annehmen.

EPHESER 4,22-24

238
Im Heute leben

Herr, ich will mein Leben jeden Tag so gestalten, wie du es von mir erwartest. Hilf mir, nicht in meiner Vergangenheit stecken zu bleiben oder so auf die Zukunft fixiert zu sein, dass ich den Reichtum der Gegenwart verpasse. Hilf mir, diese Fülle in jedem Augenblick zu erleben. Ich habe keine Sehnsucht danach, auch nur einen einzigen Schritt außerhalb deiner Gegenwart zu tun. Wenn du mich nicht bewegst, bleibe ich an diesem Punkt stehen, bis ich von dir eine Anweisung bekomme. Ich weiß, dass ich in der Zukunft, die du für mich vorbereitet hast, nur ankommen kann, indem ich heute einen Schritt nach dem anderen nach deinem Willen gehe. Hilf mir, nicht in der Dunkelheit zu leben, sondern immer in deinem wunderbaren Licht.

Die Nacht ist fast vorüber; der Tag der Erlösung kommt bald. Deshalb lebt nicht in der Finsternis mit ihren bösen Taten, sondern greift zu den Waffen des Lichts!

Römer 13,12

239
Im Heute leben

Herr, ich weiß, dass es keine bessere Zeit als das Heute gibt, damit sich dein Licht auf die Menschen um mich her ausbreiten kann. Hilf mir, über mich hinauszuwachsen und jemand zu werden, durch den dein Licht scheinen kann. Gib mir deine Weisheit und zeige mir alles, was ich sehen muss, um auf deinem Weg zu bleiben. Hilf mir, meine Vergangenheit hinter mir zu lassen und den Blick auf die Zukunft zu richten, indem ich deinem Licht auf meinem heutigen Weg folge.

Lasst eure guten Taten leuchten vor den Menschen, damit alle sie sehen können und euren Vater im Himmel dafür rühmen.

Matthäus 5,16

Deine Pläne für meine Zukunft erkennen

Herr, ich weiß, dass du mich nicht geschaffen hast, damit ich in ständiger Sorge um etwas lebe. Danke, dass ich stattdessen meine Anliegen zu dir bringen und sie gegen deinen Frieden eintauschen kann, der allen Verstand übersteigt. Hilf mir, nicht im Leiden zu versinken, denn ich weiß, es ist nichts im Vergleich zu der Herrlichkeit, die du mir schenkst, wenn ich das Leid mit deiner Hilfe durchstehe. Ich strecke meine Hand heute nach dir aus, sodass ich sicher in deinem Schatten gehen kann.

Ich bin aber davon überzeugt, dass unsere jetzigen Leiden bedeutungslos sind im Vergleich zu der Herrlichkeit, die er uns später schenken wird.

Römer 8,18

241

Deine Pläne für meine Zukunft erkennen

Herr, ich bitte dich, dass du meine Zukunft in die Hand nimmst. Ich möchte mich keinen Träumen hingeben, die mit dir nichts zu tun haben. Ich will keine Pläne machen, die du nicht segnest. Ich will nicht hart arbeiten, um etwas zu ernten, das niemals Frucht tragen wird, weil ich den Samen nicht von dir empfangen habe. Hilf mir, nicht vom Weg abzukommen und damit kostbare Zeit zu verschwenden, weil ich den Weg noch einmal gehen muss. Ich will nicht am Ende meines Lebens die Zeit bereuen, die ich nicht damit verbracht habe, mit dir zu leben.

Schau auf die, die ehrlich und gut sind, denn vor denen, die den Frieden lieben, liegt eine wunderbare Zukunft.

Psalm 37,37

242

Deine Pläne für meine Zukunft erkennen

Herr, vergib mir, wo ich den Fehler gemacht habe zu tun, was ich gerade wollte, und dann deinen Segen erwartet habe. Stattdessen möchte ich dich fragen, was ich tun soll. Ich weiß, dass du mich segnen wirst, wenn ich deinen Willen tue. Hilf mir, deine Stimme zu hören und deiner Führung zu vertrauen. Wenn ich diese Erde einmal verlasse, um bei dir zu sein, möchte ich Menschen sagen hören, dass ich mit Gott gelebt habe. Sie sollen sagen können, dass deine Herrlichkeit in meinem Leben sichtbar war. Ich vertraue dir meine Zukunft an, denn ich weiß, dass sie in deinen Händen gut aufgehoben ist.

Steh auf und leuchte! Denn dein Licht ist gekommen und die Herrlichkeit des Herrn erstrahlt über dir. Denn die Erde ist von Finsternis zugedeckt und die Völker liegen in tiefer Dunkelheit, aber über dir strahlt der Herr auf. Man kann seine Herrlichkeit über dir schon erkennen.

JESAJA 60,1-2

243

Deine Pläne für meine Zukunft erkennen

Herr, ich gebe jetzt meine Vergangenheit, Gegenwart und Zukunft in deine Hände. Hilf mir, mir keine Sorgen um meine Zukunft zu machen, sondern in dem Wissen zu ruhen, dass meine Zukunft bei dir gut aufgehoben ist. Ich möchte jetzt schon einen Fuß in der Ewigkeit haben, indem ich deine Hand niemals loslasse. Ich will so viele Schätze im Himmel ansammeln, dass mir der Himmel bereits vertraut ist, wenn ich dort ankomme. Und wenn ich diesen letzten Schritt in meine ewige Zukunft mit dir tatsächlich tue, vertraue ich dir, dass du dann für mich da bist.

Du hast eine Zukunft, und deine Hoffnung wird nicht enttäuscht werden.

Sprüche 23,18

Teil IV

Mein Gebet macht unsere Ehe stark

Für mich als seine Frau beten

Herr, bitte hilf mir, eine gute Ehefrau zu sein, denn allein schaffe ich es einfach nicht. Bitte nimm meinen Egoismus, meine Ungeduld und meine Gereiztheit und verwandle sie in Freundlichkeit, Geduld und Selbstlosigkeit. Befreie mich von meinen schlechten Gewohnheiten, meinen automatischen Reaktionen und dem Zwang, mich ständig rechtfertigen und verteidigen zu müssen. Schenke mir stattdessen echte Selbstbeherrschung und ein liebevolles Wesen, damit ich meinen Mann und meine Familie aufbauen und ermutigen kann. Lass die Bitterkeit in meinem Herzen schmelzen und reiß die unsichtbaren Mauern ein, hinter die ich mich zurückgezogen habe. Gib mir ein neues Herz, in dem Liebe, Freude und Frieden regieren (Galater 5,22-23). Ich kann alle diese Veränderungen niemals mit meiner eigenen Kraft zustande bringen, doch ich weiß, dass dir nichts unmöglich ist.

Hört auf meine Worte! Ihr könnt beten, worum ihr wollt – wenn ihr glaubt, werdet ihr es erhalten. Doch wenn ihr betet, dann vergebt zuerst allen, gegen die ihr einen Groll hegt, damit euer Vater im Himmel euch eure Sünden auch vergeben kann.

Markus 11,24-26

245

Für mich als seine Frau beten

Herr, es tut mir leid, dass ich so oft lieblos, kritisch, zornig, respektlos und bitter reagiert habe. Bitte hilf mir, meinen Groll, meine Verletzungen und meine Enttäuschung zu überwinden und meinem Mann so zu vergeben, wie du es tust. Anstatt mich auf die Vergangenheit zu konzentrieren, möchte ich dazu beitragen, dass Versöhnung, Heilung und Frieden in unserer Beziehung Einzug halten. Mach mich zur Gehilfin, Partnerin und Freundin meines Mannes und hilf mir, unser Heim zu einem Ort der Geborgenheit zu machen, an dem er jederzeit aufatmen und auftanken kann. Zeige mir ganz praktisch, welche Schritte ich unternehmen muss, um für ihn attraktiv zu bleiben und meine Gesundheit nicht zu vernachlässigen. Mit deiner Hilfe möchte ich eine reife Persönlichkeit werden, die Zuversicht und Freude ausstrahlt und auf die mein Mann stolz sein kann.

Ein Haus wird durch Weisheit erbaut und durch Verstand befestigt. Durch Einsicht werden seine Zimmer mit den unterschiedlichsten Reichtümern und Kostbarkeiten gefüllt.

Sprüche 24,3-4

Für mich als seine Frau beten

Herr, ich bringe alle meine Erwartungen und Wünsche vor dein Kreuz und löse meinen Mann von dem Anspruch, dass er meine Bedürfnisse erfüllen muss. Bitte gib mir die Kraft, meinen Mann so anzunehmen, wie er ist. Mir ist klar, dass er sich auf manchen Gebieten vielleicht nie ändern wird, aber gleichzeitig weiß ich, dass du ihn in einer Weise verändern kannst, die ich mir nie hätte träumen lassen. Ich überlasse dir die Initiative und vertraue darauf, dass du ihn zum richtigen Zeitpunkt so umwandeln wirst, wie du es möchtest. Weder er noch ich sind vollkommen, doch da du vollkommen bist, wirst du uns in die richtige Richtung führen. Ermögliche uns, in gleicher Gesinnung und Überzeugung fest zueinander zu stehen (1. Korinther 1,10).

Seid stattdessen freundlich und mitfühlend zueinander und vergebt euch gegenseitig, wie auch Gott euch durch Christus vergeben hat.

Epheser 4,32

247

Für mich als seine Frau beten

Herr, bitte zeige mir ganz praktisch, wie ich für meinen Mann beten soll, und lass durch meine Gebete neue Liebe zwischen uns wachsen. Wo unsere Liebe bereits gestorben ist, da erwecke du sie wieder zum Leben und verleihe ihr eine neue Tiefe. Mach mir bewusst, wie ich meinen Mann selbstlos und bedingungslos lieben kann, ohne dass er mich missversteht. Schaffe zwischen uns eine echte Einheit, sodass wir in allen Dingen übereinstimmen (Amos 3,3). Bewirke du, der du uns Geduld und Mut schenkst, dass wir in der gleichen Gesinnung miteinander verbunden sind, so wie es Jesus Christus entspricht. Mach uns zu einem echten Team, in dem beide Partner bereitwillig zusammenarbeiten und nicht jeder Einzelne seine eigenen, unabhängigen Ziele verfolgt. Hilf uns, die Schwächen des anderen in Liebe zu ertragen und uns nicht an Kleinigkeiten aufzuhalten. Hilf uns, uns um Frieden zu bemühen und uns im Glauben zu stärken (Römer 14,15).

Deshalb werdet nicht müde zu tun, was gut ist. Lasst euch nicht entmutigen und gebt nie auf, denn zur gegebenen Zeit werden wir auch den entsprechenden Segen ernten.

Galater 6,9

248

Für mich als seine Frau beten

Herr, von ganzem Herzen bitte ich dich, dass unsere Hingabe an dich und aneinander mit jedem Tag wächst und stärker wird. Befähige meinen Mann, seine Rolle in unserer Familie einzunehmen, und zeige mir, wie ich ihn in gebührender Weise respektieren und unterstützen kann. Offenbare mir seine tiefsten Bedürfnisse und mach mich wachsam, sodass ich mögliche Gefahren für unsere Beziehung erkenne, bevor sie unserer Ehe schaden können. Hauche unserer Beziehung neues, göttliches Leben ein. Bitte mach mich zu einer neuen Person in dir, Herr Jesus. Schenke mir eine frische Perspektive, eine positive Lebenseinstellung und eine neue Beziehung zu dem Mann, den du mir zur Seite gestellt hast. Ich möchte ihn mit ganz neuen Augen sehen und ihn von Herzen schätzen, lieben und achten. Segne meinen Mann, indem du ihm eine neue Frau schenkst – mich.

Bittet, und ihr werdet erhalten, um was ihr gebeten habt. Sucht und ihr werdet finden. Klopft an, und die Tür wird euch geöffnet werden. Denn wer bittet, wird erhalten. Wer sucht, wird finden. Und die Tür wird jedem geöffnet, der anklopft.

Matthäus 7,7-8

249

Die Arbeit meines Mannes

Herr, ich bitte dich, dass du die Arbeit meines Mannes segnest. Bitte lass ihn in seiner Arbeit Erfüllung finden und schenke ihm den Erfolg, den er sich wünscht. Falls seine augenblickliche Situation nicht mit deinem vollkommenen Plan für sein Leben übereinstimmt, dann offenbare es ihm bitte. Zeige ihm, was er ändern sollte, und führe ihn auf den richtigen Weg. Gib ihm Kraft, Glauben und eine Vision für die Zukunft, sodass er niemals vor einer Arbeit davonläuft, weil er ängstlich, egoistisch oder verantwortungsscheu ist. Gleichzeitig bitte ich dich jedoch, dass du ihn davor bewahrst, sich zu Tode zu schuften, nur um Anerkennung zu erhalten oder noch mehr Geld zu verdienen. Bitte gib ihm die Fähigkeit, die Früchte seiner Arbeit zu genießen, anstatt immer größere Erfolge anzustreben. Hilf ihm, sein Bestes zu geben, ohne sich dabei unter Druck zu fühlen.

Kennst du wirklich fähige Arbeiter? Sicherlich dienen sie eher Königen als geringen Menschen.

Sprüche 22,29

250

Die Arbeit meines Mannes

Herr, ich bitte dich, dass du deine Hand über die Arbeit meines Mannes hältst und dass er sich in allen Dingen deinem Willen unterordnet. Schenke ihm genügend Selbstvertrauen, damit er seine Begabungen und Talente nützt, um gute Arbeit zu leisten. Gib ihm neue Gelegenheiten und hilf ihm, seine Fähigkeiten weiterzuentwickeln. Bitte zeige mir, auf welche Weise ich ihn am besten ermutigen kann. Sorge dafür, dass mein Mann eine solide, sichere und gut bezahlte Arbeitsstelle hat und dass er seine Tätigkeit gerne ausübt. Lass ihn wie ein Baum sein, »der am Flussufer wurzelt und Jahr für Jahr reiche Frucht trägt. Seine Blätter welken nicht, und alles, was er tut, gelingt ihm« (Psalm 1,3).

Der Herr, unser Gott, schaue freundlich auf uns und lasse unsere Arbeit gelingen. Ja, lass unsere Arbeit gelingen!

Psalm 90,17

251

Die Finanzen meines Mannes

Herr, ich befehle dir unsere Finanzen an. Bitte regiere über allem, was wir besitzen, und verwende es nach deinen Vorstellungen. Hilf uns, unser Geld richtig zu verwalten und es erst auszugeben, nachdem wir uns über den Zweck einig geworden sind. Bewahre uns vor Schulden und lass uns aus vergangenen Fehlern lernen. Führe uns in die richtige Richtung und zeige mir, wie ich zum Unterhalt unserer Familie beitragen kann, anstatt unser Geld für unnötige Dinge auszugeben. Rufe uns immer wieder ins Gedächtnis, dass alles, was wir haben, dir gehört, und schenke uns ein dankbares Herz.

Macht euch keine Gedanken über eure Nahrung – was ihr essen oder trinken sollt. Macht euch keine Gedanken darüber, ob Gott euch damit versorgen wird. Diese Dinge beherrschen das Denken der meisten Menschen, doch euer Vater weiß, was ihr braucht. Er wird euch jeden Tag alles Nötige geben, wenn das Reich Gottes für euch das Wichtigste ist.

LUKAS 12,29-31

252

Die Finanzen meines Mannes

Herr, ich bitte dich, dass es meinem Mann leichtfällt, dir einen Teil seiner Einkünfte zu opfern und sein Geld mit den Bedürftigen zu teilen. Gib ihm Weisheit, damit er richtig mit unserem Geld umgeht, und hilf ihm, kluge Entscheidungen zu treffen. Zeige ihm, wie er für unsere Zukunft vorsorgen soll, und lass ihn einen gesunden Mittelweg zwischen Geiz und Verschwendung finden. Lass die Arbeit, die er leistet, immer angemessen bezahlt werden und sein Geld weder gestohlen werden noch zwischen seinen Fingern zerrinnen. Bitte vermehre unsere finanziellen Mittel, damit sie lange reichen. Bewahre meinen Mann davor, sich um Geld zu sorgen, und hilf ihm, dein Reich an die erste Stelle zu setzen. Ich weiß, dass du uns mit allem versorgen wirst, was wir brauchen, solange wir dir gehorchen (Lukas 12,31).

Und mein Gott wird euch aus seinem großen Reichtum, den wir in Christus Jesus haben, alles geben, was ihr braucht.

PHILIPPER 4,19

253

Die Sexualität meines Mannes

Herr, bitte segne die Sexualität meines Mannes und schenke ihm große Erfüllung. Hilf uns, dass wir uns ganz bewusst Zeit füreinander nehmen und offen aussprechen, was wir auf dem Herzen haben. Gib uns genügend Einfühlungsvermögen, damit wir verstehen, was der andere gerade braucht. Schenke uns sexuelle Reinheit in Gedanken und Taten und bewahre uns vor jeder Versuchung. Befreie uns von den Bindungen, die die Vergangenheit auf uns gelegt hat, und lösche jede Erinnerung an sexuelle Verfehlungen aus. Reinige uns durch die Kraft deines Heiligen Geistes.

Deshalb haltet euch fern von aller Unzucht! Keine andere Sünde hat so große Auswirkungen auf den Körper wie diese, denn Unzucht ist eine Sünde gegen den eigenen Körper. Oder wisst ihr nicht, dass euer Leib ein Tempel des Heiligen Geistes in euch ist, der in euch lebt und euch von Gott geschenkt wurde? Ihr gehört nicht euch selbst, denn Gott hat einen hohen Preis für euch bezahlt. Deshalb ehrt Gott mit eurem Leib!

1. Korinther 6,18-20

Die Sexualität meines Mannes

Herr, schließ jedes Einfallstor des Satans, durch das er uns zur Untreue verführen möchte, und mach uns stark in dir. Hilf uns, heilig und nicht unzüchtig zu leben, damit wir dich ehren können (1. Thessalonicher 4,3-4). Ich bitte dich, Herr, dass jeder von uns nur den anderen begehrt und niemanden sonst. Zeige mir, wie ich mich für meinen Mann schön machen kann, damit er mich anziehend findet. Hilf mir, die Partnerin zu sein, die er braucht, und bewahre uns beide davor, außerhalb unserer Ehe nach Erfüllung zu suchen. Herr, mir ist klar geworden, dass ich die Sexualität nicht vernachlässigen darf, weil sie einen ganz wichtigen Bereich unserer Beziehung darstellt. Bewahre mich davor, Sex als Waffe zu gebrauchen oder meinen Mann dadurch manipulieren zu wollen. Ich stelle diese Ebene unserer Beziehung bewusst unter deine Herrschaft und bitte dich, uns neue Freude aneinander zu schenken. Verändere unsere Sexualität, bis sie so ist, wie du sie dir gedacht hast.

Unser Körper wurde aber nicht zur Unzucht geschaffen. Er ist für den Herrn bestimmt, und der Herr sorgt für ihn.

1. Korinther 6,13

255

Die Zärtlichkeit meines Mannes

Herr, ich bitte dich, dass du meinem Mann und mir den Mut zu Zärtlichkeiten schenkst. Hilf uns, über unseren Schatten zu springen und einander deutlich zu beweisen, was wir füreinander empfinden. Zeige uns, wie wir einander Wertschätzung entgegenbringen können. Bewahre uns vor Gleichgültigkeit und Kälte und mach uns liebevoll und warmherzig im Umgang miteinander. Zerstöre jede innere Blockade, die uns daran hindert, in die richtige Richtung zu gehen. Falls einer von uns sehr zärtlich und der andere äußerst passiv ist, bitte ich dich, dass du uns das richtige Gleichgewicht schenkst. Lass uns das Ziel erreichen, zu dem du uns berufen hast.

Genauso sollten auch die Ehemänner ihre Frauen lieben, wie sie ihren eigenen Körper lieben. Denn ein Mann liebt auch sich selbst, wenn er seine Frau liebt. Niemand hasst doch seinen eigenen Körper, sondern sorgt liebevoll für ihn, wie auch Christus für seinen Leib, also für die Gemeinde, sorgt.

EPHESER 5,28-29

Die Versuchungen meines Mannes

Herr, ich bitte dich, dass du meinem Mann die Kraft gibst, jeder Versuchung zu widerstehen. Hilf ihm, schlechte Gedanken zu verscheuchen, bevor sie sich in seinem Herzen einnisten und ihn beeinflussen. Mach ihn stark, wo er schwach ist, und hilf ihm, die Dinge zu besiegen, die ihn kontrollieren wollen. Ich bitte dich, dass mein Mann nicht von der Macht des Bösen überwältigt wird, sondern sich durch die Kraft Gottes aufrichten lässt. Umgib ihn mit einer unsichtbaren Mauer und beschütze ihn Tag und Nacht. Erfülle ihn mit deinem Heiligen Geist und reinige ihn von allem, was dir nicht gefällt. Hilf ihm, aus der Kraft zu leben, die der Geist Gottes gibt, damit er seinen sündigen Neigungen nicht folgen muss (Galater 5,16).

Vergesst nicht, dass die Prüfungen, die ihr erlebt, die gleichen sind, vor denen alle Menschen stehen. Doch Gott ist treu. Er wird die Prüfung nicht so stark werden lassen, dass ihr nicht mehr widerstehen könnt. Wenn ihr auf die Probe gestellt werdet, wird er euch eine Möglichkeit zeigen, trotzdem standzuhalten.

1. Korinther 10,13

257

Die Gedanken meines Mannes

Herr, ich bitte dich, dass du die Gedanken meines Mannes mit deinem Schutz umgibst. Bewahre ihn vor den Angriffen des Feindes und hilf ihm, ganz genau zwischen deiner Stimme und anderen zu unterscheiden. Zeige ihm, wie er jeden Gedanken, der sich gegen dich auflehnt, bezwingen kann (2. Korinther 10,5). Bitte schenke, dass er dein Wort und deine Wahrheit bereitwillig in sich aufnimmt, damit er lügnerische Gedanken aufdecken kann. Herr, du hast mir »Vollmacht über den Feind gegeben«, und deshalb befehle ich allen Lügengeistern im Name Jesu, sich von meinem Mann fernzuhalten (Lukas 10,19). Ich spreche im Glauben aus, dass Gott meinem Mann einen Geist der Besonnenheit geschenkt hat.

Wir sind zwar Menschen, doch wir kämpfen nicht mit menschlichen Mitteln. Wir setzen die mächtigen Waffen Gottes und keine weltlichen Waffen ein, um menschliche Gedankengebäude zu zerstören. Mit diesen Waffen zerschlagen wir all die hochtrabenden Argumente, die die Menschen davon abhalten, Gott zu erkennen. Mit diesen Waffen bezwingen wir ihre widerstrebenden Gedanken und lehren sie, Christus zu gehorchen.

2. Korinther 10,3-5

258

Die Gedanken meines Mannes

Herr, ich bitte, dass mein Mann nicht von verwirrenden, unreinen oder niederdrückenden Gedanken gequält wird, sondern sich von dir umwandeln lässt, damit sein ganzes Denken erneuert wird. Dann kann er sich ein sicheres Urteil bilden, welches Verhalten dem Willen Gottes entspricht, und weiß in jedem einzelnen Fall, »was gut ist und ihn freut und seinem Willen vollkommen entspricht« (Römer 12,2). Hilf ihm, sich keine Sorgen zu machen, sondern sich in jeder Lage an dich zu wenden und seine Bitten vor dich zu bringen. Lass ihn dankbar sein für das, was du ihm geschenkt hast. Dann wird der Frieden Gottes, der größer ist als unser menschlicher Verstand, sein Herz und seine Gedanken im Glauben an Jesus bewahren (Philipper 4,6-7). Richte seine Gedanken grundsätzlich auf das, »was wahr und anständig und gerecht ist«. Hilf ihm, darüber nachzudenken, »was rein und liebenswert und bewunderungswürdig ist, über Dinge, die Auszeichnung und Lob verdienen« (Philipper 4,8).

Wenn du dich von deiner menschlichen Natur bestimmen lasst, führt das zum Tod. Doch wenn der Heilige Geist dich bestimmt, bedeutet das Leben und Frieden.

Römer 8,6

Die Ängste meines Mannes

Herr, du hast in deinem Wort gesagt: »Und unsere Liebe kennt keine Angst, weil die vollkommene Liebe alle Angst vertreibt. Wer noch Angst hat, rechnet mit Strafe, und das zeigt, dass seine Liebe in uns noch nicht vollkommen ist« (1. Johannes 4,17-18). Herr, ich bitte dich, dass deine Liebe ihr Ziel bei meinem Mann erreicht, sodass er nicht mehr von Ängsten geplagt wird. Ich weiß, dass du ihm »nicht einen Geist der Furcht gegeben« hast, »sondern einen Geist der Kraft, der Liebe und der Besonnenheit« (2. Timotheus 1,7). Im Namen Jesu bitte ich dich, dass du meinen Mann von jeder Furcht befreist. Lass dein Wort jede Faser seines Wesens durchdringen und ihn felsenfest davon überzeugen, dass deine Liebe größer ist als alles andere und dass nichts ihn von deiner Liebe trennen kann.

Denn der Engel des Herrn beschützt die, die ihm gehorchen, und rettet sie.

PSALM 34,8

Die Ängste meines Mannes

Ich bete dafür, dass mein Mann dich als seinen himmlischen Vater anerkennt, dessen Liebe nie aufhört, dessen Stärke unvergleichlich ist und in dessen Gegenwart es nichts zu fürchten gibt. Erlöse ihn von seinen Ängsten und lege den Wunsch in ihn, dich anbeten zu wollen (Jeremia 32,40). Zeige ihm den richtigen Weg, damit er in Treue zu dir sein Leben führt! Lass es seine einzige Sorge sein, dich zu ehren (Psalm 86,11). Hilf ihm, dass er sich nie von anderen Menschen einschüchtern lässt, sondern mutig aufsteht und sagt: »Der Herr steht zu mir, deshalb fürchte ich mich nicht. Was können mir Menschen anhaben?« (Hebräer 13,6). Er soll erleben, dass du deine Güte für die Menschen bereithältst, die dich ehren (Psalm 31,20).

Fürchte dich nicht, denn ich bin bei dir. Sieh dich nicht ängstlich nach Hilfe um, denn ich bin dein Gott: Meine Entscheidung für dich steht fest, ich helfe dir. Ich unterstütze dich, indem ich mit meiner siegreichen Hand Gerechtigkeit übe.

JESAJA 41,10

261

Die Ängste meines Mannes

Ich spreche meinem Mann zu: Sei stark und fürchte dich nicht, denn die Rache und Vergeltung unseres Gottes kommen (Jesaja 35,4). »Du wirst dich auf Gerechtigkeit gründen; Bedrückung und Schrecken werden fern von dir sein, sodass du nichts zu fürchten hast« (Jesaja 54,14). »Fürchte dich nicht vor den Angriffen in der Nacht und habe keine Angst vor den Gefahren des Tages, vor der Pest, die im Dunkeln lauert, vor der Seuche, die dich am hellen Tag trifft« (Psalm 91,5-6). Gott, erfülle meinen Mann mit deinem Geist, der der Geist ist »der Weisheit und des Verstandes, der Geist des Rates und der Macht, der Geist der Erkenntnis und Ehrfurcht des Herrn« (Jesaja 11,2).

Ich betete zum Herrn, und er antwortete mir und befreite mich von allen meinen Ängsten.

Psalm 34,5

Die Berufung meines Mannes

Herr, ich bitte dich darum, dass mein Mann sieht, welchen Plan du mit seinem Leben hast. Hilf ihm zu verstehen, wer er in Christus ist, und schenke ihm die feste Gewissheit, dass er nicht grundlos auf dieser Welt ist. Schenke meinem Mann die Kraft, so zu leben, wie es seiner Berufung entspricht, und mach ihn zu der Person, die du dir vorgestellt hast. Erinnere ihn immer wieder daran, wozu du ihn berufen hast, und bewahre ihn davor, sich in unwesentlichen Dingen zu verlieren. Verhindere bitte, dass er sich durch Entmutigung von deinen Zielen abbringen lässt, und hilf ihm, seinen Blick immer wieder in die richtige Richtung zu lenken. Gib ihm Geduld, dass er auf dein perfektes Timing warten kann. Bitte lass die Wünsche seines Herzens immer im Einklang mit deinem Willen stehen, und gib ihm ein offenes Ohr für dein Reden.

Ich bitte den Gott unseres Herrn Jesus Christus, … euch den Geist der Weisheit und Einsicht zu schenken, damit eure Erkenntnis von Gott immer größer wird. Ich bete, dass eure Herzen hell erleuchtet werden, damit ihr die wunderbare Zukunft, zu der er euch berufen hat, begreift (…).

Epheser 1,17-18

263

Die Entscheidungen meines Mannes

Herr, bitte erfülle meinen Mann mit Ehrfurcht vor dir und schenke ihm Weisheit für alle Entscheidungen, die vor ihm liegen. Hilf ihm, dich immer ernst zu nehmen und danach zu streben, dich zu erkennen. Gib ihm das richtige Urteilsvermögen, damit er kluge Entscheidungen treffen kann und nicht unvernünftig handelt. Ich bitte darum, dass er gute Ratschläge annehmen kann und nicht unbelehrbar ist. Erinnere sein Gewissen auch nachts an deinen Rat (Psalm 16,7), und lass ihn am nächsten Morgen die richtige Entscheidung treffen. Mach, dass er sich nie vom richtigen Weg abbringen lässt, sondern seinen Blick auf dich richtet und auf deine Stimme hört.

Wer weise ist, höre auf die Sprüche und gewinne noch an Weisheit hinzu, wer klug ist, suche sich weisen Rat.

Sprüche 1,5

264

Die Gesundheit meines Mannes

Herr, ich bitte dich, dass du meinen Mann mit deiner heilenden Kraft berührst. Lass jedes Organ seines Körpers so funktionieren, wie du es geplant hast, und wenn irgendetwas aus dem Gleichgewicht geraten ist, dann stell bitte den optimalen Zustand wieder her. Heile ihn von jeder Krankheit, jedem Leiden und jeder körperlichen Schwäche. Mach ihn stark genug für seine tägliche Arbeit und lass ihn an jedem Morgen ausgeruht, erholt und erfrischt aufwachen. Herr, bitte weck in meinem Mann das Verlangen, sich genügend zu bewegen, sich richtig zu ernähren und die Dinge zu vermeiden, die seiner Gesundheit schaden würden. Lass ihn erkennen, dass sein Körper der Tempel Gottes ist, den er nicht verderben soll (1. Korinther 3,16-17).

Ich habe dein Gebet gehört und deine Tränen gesehen. Ich will dich gesund machen.

2. KÖNIGE 20,5

265

Die Gesundheit meines Mannes

Herr, vor allen Dingen bitte ich dich, dass du meinem Mann ein gesundes Herz schenkst, das ihm nie irgendwelche Schwierigkeiten macht. Wenn er krank ist, bitte ich dich, dass du ihn wieder ganz gesund machst und ihn bei Kräften erhältst. Erfülle ihn mit deiner Freude und mach ihn stark. Lass ihn voller Überzeugung sagen: »Herr, mein Gott, zu dir habe ich um Hilfe geschrien, und du hast mich wieder gesund gemacht« (Psalm 30,3). Danke, Herr, dass du unser Arzt bist. Ich bitte dich, dass du meinem Mann ein langes und gesundes Leben schenkst und dass er, wenn er sterben muss, Frieden hat und keine schlimmen Schmerzen leiden muss. Danke, Herr, dass du ihn in deiner Gegenwart willkommen heißen und ihn keine Minute früher zu dir rufen wirst, als du es in deiner Güte beschlossen hast.

Da schrien sie zum Herrn in ihrer Not, und er rettete sie aus ihrer Verzweiflung. Er sprach ein Wort, und sie wurden gesund; so rettete er sie an der Schwelle des Todes.

PSALM 107,19-20

Die Sicherheit meines Mannes

Herr, ich bitte dich, dass du meinen Mann vor Unfällen, Krankheiten, Gefahren oder schlechten Einflüssen bewahrst. Beschütze ihn vor allem, wenn er im Auto oder im Flugzeug unterwegs ist. Umgib ihn mit deinem Schutz, sodass ihm die Pläne böser Menschen nichts anhaben können. Behüte jeden einzelnen Schritt, den er macht, und sorge dafür, dass er auf dem richtigen Weg bleibt (Psalm 17,5). Gib, dass er sagen kann: »Als ich schrie: ›Ich falle‹, hielt mich doch deine Gnade, Herr, aufrecht« (Psalm 94,18). Schenke meinem Mann Weisheit, Besonnenheit und Klugheit, damit er seinen Weg sicher gehen kann und seinen Fuß nicht stößt (Sprüche 3,21-23). Halte deine Hand über sein Leben, sodass ihm der Satan nichts anhaben kann (Psalm 103,4), und beschütze ihn auf allen seinen Wegen, »von nun an bis in Ewigkeit« (Psalm 121,8).

Wer im Schutz des Höchsten lebt, der findet Ruhe im Schatten des Allmächtigen. Der spricht zu dem Herrn: Du bist meine Zuflucht und meine Burg, mein Gott, dem ich vertraue.

Psalm 91,1-2

267

Die Krisen meines Mannes

Herr, du allein kennst die Last, die meinen Mann zu Boden drückt. Ich kann nur einzelne Dinge nachvollziehen, doch du verstehst bis ins Letzte, worunter er leidet und was ihm zu schaffen macht. Da ich weiß, dass du in schwierigen Zeiten an uns arbeitest, will ich mich deinem Wirken nicht entgegenstellen und nicht versuchen, ihn vor Schwierigkeiten zu bewahren. Aber ich möchte meinen Mann mit allen Kräften unterstützen, damit er aus dieser Schlacht als Sieger hervorgeht. Erinnere ihn immer wieder daran, dass du Freude an einem redlichen Menschen hast, alle seine Schritte lenkst und ihn festhältst (Psalm 37,23-24).

Vor euch liegt eine große Freude, auch wenn ihr für eine Weile viel erdulden müsst. Dies dient nur dazu, euren Glauben zu prüfen, damit sich zeigt, ob er wirklich stark und rein ist. Er wird erprobt, so wie Gold im Feuer geprüft und geläutert wird – und euer Glaube ist Gott sehr viel kostbarer als bloßes Gold. Wenn euer Glaube also stark bleibt, nachdem er durch große Schwierigkeiten geprüft wurde, wird er euch viel Lob und Herrlichkeit und Ehre einbringen an dem Tag, an dem Jesus Christus der ganzen Welt offenbart werden wird.

1. Petrus 1,6-7

Die Krisen meines Mannes

Herr, du bist ein Gott, der »unsre Zuflucht und unsre Stärke [ist], der uns in Zeiten der Not hilft« (Psalm 46,2). Du hast uns eingeladen, zuversichtlich vor deinen Thron zu treten. Bei dir werden wir »Barmherzigkeit empfangen und Gnade finden, die uns helfen wird, wenn wir sie brauchen« (Hebräer 4,16). Herr, ich komme jetzt vor deinen Thron und bitte dich, dass du meinem Mann gnädig bist. Mach ihn stark und schenke ihm Geduld, damit er auf dein Eingreifen warten kann (Psalm 27,1-4). Hilf ihm, alle Schwierigkeiten zu bewältigen und eine Hoffnung zu haben, die ihn trotzdem fröhlich sein lässt. Mach ihn standhaft in aller Bedrängnis und sorge dafür, dass er niemals aufhört zu beten (Römer 12,12). Schenke ihm Ausdauer, damit er den Kampf bis zum Ende durchhält und nicht vorher aufgibt. Du hast versprochen: »Der Gottesfürchtige kann sieben Mal fallen und wird doch jedes Mal wieder aufstehen« (Sprüche 24,16).

Not und Leid hast zu zwar zugelassen, doch du wirst mir das Leben neu schenken und mich auch aus der dunkelsten Tiefe wieder heraufholen. Du wirst mich zu großen Ehren bringen und mich trösten.

Psalm 71,20-21

269

Die Krisen meines Mannes

Herr, ich bitte dich, dass mein Mann bei dir Schutz sucht, »bis das Unglück vorüber ist« (Psalm 57,2). Schenke ihm festes Vertrauen in dich, denn »die, die auf den Herrn warten, gewinnen neue Kraft. Sie schwingen sich nach oben wie die Adler. Sie laufen schnell, ohne zu ermüden. Sie werden gehen und werden nicht matt« (Jesaja 40,31). Hilf ihm, damit er später sagen kann: »Ich betete zum Herrn, und er antwortete mir und befreite mich von allen meinen Ängsten« (Psalm 34,6). Hilf meinem Mann, alle Lasten an dich abzugeben und sich von dir durch alles, was auch in seinem Leben geschehen mag, hindurchtragen zu lassen.

Ich aber will zu Gott rufen, und der Herr wird mich retten. Morgens, mittags und abends bete ich laut in meiner Not, und der Herr hört meine Stimme. Er rettet mich und beschützt mich, dass sie mir nicht zu nahe kommen, auch wenn noch so viele gegen mich sind. Gott, der seit Ewigkeiten regiert, wird mich erhören und sie erniedrigen.

PSALM 55,17-19

270

Die Rechtschaffenheit meines Mannes

Herr, bitte mach meinen Mann zu einem rechtschaffenen Menschen, an dem du Freude hast. Gib ihm den Mut, zu den richtigen Dingen Ja zu sagen und falsche Dinge abzulehnen. Schenke ihm Kraft, damit er seine Überzeugung verteidigen kann und auch bei Widerstand nicht nachgibt. Lass ihn nicht werden wie die Menschen, die »sich ständig neuen Lehren zu[wenden], ohne dass sie je die Wahrheit verstehen könnten« (2. Timotheus 3,7), sondern dass er jederzeit auf deine Stimme hört und von deiner unendlichen Weisheit lernt.

Aufrichtige Menschen lassen sich von ihrer Ehrlichkeit sicher leiten, das Leben der Betrüger aber wird durch Unehrlichkeit zerstört.

SPRÜCHE 11,3

271

Die Rechtschaffenheit meines Mannes

Herr, mach meinen Mann zu einem aufrichtigen Menschen und hilf ihm, sich durch deinen Heiligen Geist »in alle Wahrheit leiten« zu lassen (Johannes 16,13). Bleib immer in seiner Nähe, damit er sich auch in schwierigen Zeiten vertrauensvoll an dich wenden kann. Schenke ihm die Fähigkeit, seine Fehler rasch einzugestehen, denn du hast in deinem Wort gesagt: »Wenn wir sagen, wir seien ohne Schuld, betrügen wir uns selbst und die Wahrheit ist nicht in uns. Doch wenn wir ihm unsere Sünden bekennen, ist er treu und gerecht, dass er uns vergibt und uns von allem Bösen reinigt« (1. Johannes 1,8-9). Bewahre ihn davor, dass er sich von jemandem täuschen lässt oder eine Lüge in seinem Leben duldet. Lass es ihm niemals an Gnade und Treue zu anderen fehlen, sodass er Anerkennung bei Gott und den Menschen findet (Sprüche 3,3-4).

Es ist besser, arm und ehrlich zu sein als reich und unehrlich.

Sprüche 28,6

Der gute Ruf meines Mannes

Herr, ich bitte dich, dass du dafür sorgst, dass mein Mann einen einwandfreien Ruf hat. Ich weiß, dass in deinem Wort steht: »Die Reinheit von Gold und Silber wird im Feuer geprüft, doch ein Mensch wird auf die Probe gestellt, wenn er gelobt wird« (Sprüche 27,21). Aus diesem Grund bitte ich dich, dass mein Mann von den Menschen in unserer Umgebung geachtet wird und die Leute voller Anerkennung über ihn sprechen. Du hast versprochen, dass ein ungerechtfertigter Fluch keinen Menschen treffen wird (Sprüche 26,2), und daher bitte ich dich, dass die Leute nie einen konkreten Grund haben, schlecht über meinen Mann zu reden. Bewahre ihn davor, mit dem Gesetz in Konflikt zu geraten, und beschütze ihn vor jeder negativen Propaganda. Rette ihn vor seinen Feinden und bring ihn in Sicherheit vor denen, die nach seinem Leben trachten (Psalm 59,2). Lass ihn bei dir Zuflucht suchen und ihn nicht zugrunde gehen (Psalm 71,1).

Beschütze mich vor den Anschlägen dieser Verbrecher, vor den Nachstellungen derer, die Böses tun. Ihre Zungen sind scharf wie Schwerter und ihre harten Worte sind wie Pfeile, die sie abschießen.

Psalm 64,3-4

273

Der gute Ruf meines Mannes

Herr, in deinem Wort steht: »An einem guten Baum wachsen keine schlechten Früchte, ebenso wenig wie ein kranker Baum gesunde Früchte hervorbringt. Deshalb wird jeder Baum, der keine guten Früchte bringt, umgehauen und ins Feuer geworfen« (Matthäus 7,18-19). Bitte lass die guten Taten meines Mannes sichtbar werden, sodass andere Menschen von seinem aufrichtigen Charakter überzeugt sind. Schenke, dass sein ganzes Verhalten von Ehrlichkeit, Glaubwürdigkeit und Bescheidenheit geprägt ist und sein guter Ruf niemals in Gefahr gerät. Danke, dass du sein Beschützer bist und ihn vor allen möglichen Fallen bewahrst (Psalm 31,5). Danke für deine Zusage: »Was kann man dazu noch sagen? Wenn Gott *für* uns ist, wer kann da noch *gegen* uns sein?« (Römer 8,31).

Herr, lass mich nicht zugrunde gehen, denn ich rufe zu dir um Hilfe. Die Bösen sollen umkommen, damit sie endlich begraben werden und schweigen. Die Lügner sollen verstummen, die stolz und verächtlich den Gottesfürchtigen verklagen.

PSALM 31,18-19

Der gute Ruf meines Mannes

Herr, sorge dafür, dass meinem Mann boshafte Lästermäuler nichts anhaben können. Schimpf und Schande komme über alle, die ihm nach dem Leben trachten! »Die mich vernichten wollen, sollen erniedrigt und bloßgestellt werden. Wer sich über mein Unglück freut, soll selbst zugrunde gehen« (Psalm 40,15). Danke, dass du meinem Mann zur Seite stehst, sodass er voller Zuversicht sagen kann: »Ich vertraue auf Gott, warum sollte ich mich fürchten? Was können mir Menschen anhaben?« (Psalm 56,12). Du hast versprochen, dass alle, die an dich glauben, nicht umkommen werden (Römer 10,11). Leite und führe meinen Mann und sei seine Zuflucht und seine Festung. Lass seine guten Taten vor den Menschen leuchten, »damit alle sie sehen können und euren Vater im Himmel dafür rühmen« (Matthäus 5,16).

Gott segnet euch, wenn ihr verspottet und verfolgt werdet und wenn Lügen über euch verbreitet werden, weil ihr mir nachfolgt. Freut euch darüber! Jubelt! Denn im Himmel erwartet euch eine große Belohnung. Und denkt daran, auch die Propheten sind einst verfolgt worden.

Matthäus 5,11-12

275

Die Prioritäten meines Mannes

Herr, bitte hilf meinem Mann, die richtigen Prioritäten zu setzen, und regiere uneingeschränkt über sein Leben. Hilf ihm, seinen Tagesablauf so einzuteilen, dass er täglich eine bestimmte Zeit in deiner Gegenwart verbringen kann. Mach ihm klar, wie wichtig es ist, dass er sich mit deinem Wort beschäftigt und im Gebet vor dein Angesicht kommt. Hilf ihm, damit er mir und den Kindern größere Wichtigkeit beimisst als seiner Karriere, seinen Freunden und seinen Hobbys. Lass ihn in allen Dingen sich deiner Herrschaft unterstellen und das tun, was du verlangst, denn dann wirst du dein Versprechen halten und ihm alles geben, was er braucht. Zeige mir, wie ich meinem Mann Vorrang vor meinen Kindern, meiner Arbeit, meinen Freunden und meinen Interessen einräumen kann. Lass mich ganz praktische Möglichkeiten entdecken, wie ich ihm beweisen kann, dass er in meinem Herzen einen ganz besonderen Platz einnimmt.

Wenn ihr für ihn lebt und das Reich Gottes zu eurem wichtigsten Anliegen macht, wird er euch jeden Tag geben, was ihr braucht.

MATTHÄUS 6,33

Die Beziehungen meines Mannes

Herr, ich bitte dich, dass du meinem Mann reife Christen zur Seite stellst, denen er alles anvertrauen kann, was er auf dem Herzen hat. Schenke ihm weise Freunde, die ihm nicht nach dem Mund reden, sondern in allen Lebensbereichen ehrlich mit ihm umgehen (Sprüche 28,23). Gib ihm das richtige Urteilsvermögen, damit er sich von Leuten distanziert, die ihn in eine falsche Richtung ziehen würden. Mach ihm klar, wie wichtig gute Freundschaften sind, und ermutige ihn, diese Kontakte zu pflegen. Herr, ich bitte dich, dass du die Beziehungen meines Mannes zu allen seinen Angehörigen, Nachbarn und Bekannten segnest. Wo es Streit gab, führe eine Versöhnung herbei und kläre alle Missverständnisse, die sich zwischen ihnen aufgetürmt haben.

So gebe ich euch nun ein neues Gebot: Liebt einander. So wie ich euch geliebt habe, sollt auch ihr einander lieben. Eure Liebe zueinander wird der Welt zeigen, dass ihr meine Jünger seid.

Johannes 13,34-35

277

Die Beziehungen meines Mannes

Herr, gib meinem Mann die Fähigkeit, anderen Menschen bereitwillig zu vergeben, und bewahre ihn davor, irgendeinen Groll mit sich herumzuschleppen. Lass meinen Mann nie die Orientierung verlieren, sondern hilf ihm, im Licht deiner Gnade zu leben. Hilf ihm, seine Feinde zu lieben und für die zu beten, die ihn verfolgen (Matthäus 5,44). Mach mich zu seinem allerbesten Freund und lass unsere Beziehung immer enger werden.

Wenn ihr also vor dem Altar im Tempel steht, um zu opfern, und es fällt euch mit einem Mal ein, dass jemand etwas gegen euch hat, dann lasst euer Opfer vor dem Altar liegen, geht zu dem Betreffenden und versöhnt euch mit ihm. Erst dann kommt zurück und bringt Gott euer Opfer dar.

MATTHÄUS 5,23-24

Das Vatersein meines Mannes

Herr, bitte lehre meinen Mann, ein guter Vater zu sein. Falls sein eigener Vater kein gutes Vorbild war, bitte ich dich, dass du ihn heilst und ihm hilfst, seinem irdischen Vater zu vergeben. Mach ihm deutlich, wie sehr du ihn liebst, und schenke ihm ein tiefes Verlangen, dich als seinen himmlischen Vater kennenzulernen. Lass ihn den Wunsch verspüren, viel Zeit in deiner Gegenwart zu verbringen, damit er dir immer ähnlicher wird und immer besser versteht, wie groß deine Barmherzigkeit ist. Gib ihm die richtige Einstellung zu unseren Kindern und hilf ihm, liebevoll und konsequent mit ihnen umzugehen. Herr, du forderst Gehorsam und ermahnst uns, aber du bemerkst auch sofort, wenn wir unsere Fehler bereuen. Verändere meinen Mann, sodass er unsere Kinder ebenso behandeln kann.

Denn der Herr weist die zurecht, die er liebt, so wie ein Vater seinen Sohn zurechtweist, an dem er Freude hat.

Sprüche 3,12

279

Das Vatersein meines Mannes

Herr, ich bitte dich, dass mein Mann lernt, wie er unsere Kinder erziehen soll. Hilf ihm, unsere Kinder nicht so zu behandeln, dass sie widerspenstig werden, sondern sie mit Disziplin so zu erziehen, wie es dir gefällt (Epheser 6,4). Lass uns in der Erziehung unserer Kinder grundsätzlich dieselben Ziele verfolgen und die Richtlinien für unsere Familie gemeinsam festlegen. Bewahre uns vor Auseinandersetzungen und lass uns niemals darüber streiten, welche Freiheiten wir unseren Kindern zugestehen sollen. Gib meinem Mann die Fähigkeit, auf unsere Kinder richtig einzugehen, und lass ihn niemals hart, grausam, kalt oder verletzend handeln. Mach ihn zu einem gütigen, liebenden, warmherzigen und ermutigenden Vater.

Enkelkinder sind der Ruhm der Alten; Eltern sind der Stolz der Kinder.

SPRÜCHE 17,6

Das Vatersein meines Mannes

Herr, ich bitte dich, dass es unseren Kindern leichtfallen kann, meinen Mann als ihren Vater zu ehren, damit sie ein langes und gesegnetes Leben haben werden. Lass ihn ein gutes Vorbild dafür sein, wie sie sich deinen Geboten unterordnen sollen. Lass meinen Mann niemals gleichgültig, passiv, kritisch, schwach, uninteressiert, nachlässig oder verantwortungslos handeln. Mach ihn zu einem interessierten, gütigen, ermutigenden, starken, konsequenten, verlässlichen und geduldigen Vater. Herr, ich weiß, dass mein Mann sich sehr wünscht, ein guter Vater zu sein, und ich bitte dich, dass du ihm diesen Herzenswunsch erfüllst.

Der Vater, dessen Kind in Gottes Augen gerecht ist, hat Grund zur Freude.

Sprüche 23,24

281

Die Vergangenheit meines Mannes

Herr, bitte schenke meinem Mann die Kraft, die Vergangenheit völlig loszulassen. Befreie ihn von allen Bindungen, die ihn gefangen halten, und hilf ihm, seine frühere Lebensweise abzulegen. Erneuere sein Denken und seinen Geist, was du ihm beides gegeben hast (Epheser 4,22-23). Erweitere seinen Horizont, damit er begreift, dass du alles neu machen wirst (Offenbarung 21,5). Zeige ihm durch deinen Heiligen Geist, wie er mit negativen Erlebnissen umgehen soll, und gib ihm das richtige Urteilsvermögen, sodass er deine Stimme von den Einflüssen aus seiner Vergangenheit unterscheiden kann. Sollten alte Schreckgespenster auftauchen, dann schenke ihm den Mut, sie mit deinem Wort zum Schweigen zu bringen.

Das bedeutet aber, wer mit Christus lebt, wird ein neuer Mensch. Er ist nicht mehr derselbe, denn sein altes Leben ist vorbei. Ein neues Leben hat begonnen!

2. Korinther 5,17

Die Vergangenheit meines Mannes

Herr, bewahre meinen Mann davor, frühere Ängste und Verletzungen auf die Gegenwart zu übertragen. Lass ihn seine Vergangenheit nur als eine notwendige Lektion und nicht als Maßstab für die Zukunft betrachten. Heile ihn von allen quälenden Erinnerungen und verbinde seine Wunden (Psalm 147,3). Gib ihm neue Kraft (Psalm 23,3) und hilf ihm, dir seine Vergangenheit zu übergeben. Hilf ihm, nicht über Vergangenes nachzudenken, sondern daraus zu lernen, sich von schlechten Angewohnheiten zu befreien und in die Zukunft zu gehen, die du für ihn bereithältst.

Denkt nicht daran, was war, und grübelt nicht mehr über das Vergangene. Seht hin, ich mache etwas Neues, schon keimt es auf. Seht ihr es nicht? Ich bahne einen Weg durch die Wüste und lasse Flüsse in der Einöde entstehen.

Jesaja 43,18-19

283

Die Einstellung meines Mannes

Herr, bitte erfülle meinen Mann heute mit deiner Liebe und deinem Frieden. Mach ihn ruhig, gelassen und zufrieden, weil er dir nachfolgt und sich nicht von seiner menschlichen Selbstsucht leiten lässt. Lass ihn ein tadelloses Leben in seinem Haus führen (Psalm 101,2). Sei ihm mit deinem Heiligen Geist nahe und erfülle ihn mit deiner Liebe. Hilf ihm, freundlich und geduldig zu sein und sich nicht so leicht provozieren zu lassen. Schenke, dass er nie jemanden aufgibt, in jeder Lage für andere hofft und vertraut und alles mit großer Geduld ertragen kann (1. Korinther 13,7).

Sorgt euch um nichts, sondern betet um alles. Sagt Gott, was ihr braucht, und dankt ihm. Ihr werdet Gottes Frieden erfahren, der größer ist, als unser menschlicher Verstand es je begreifen kann. Sein Friede wird eure Herzen und Gedanken im Glauben an Jesus Christus bewahren.

PHILIPPER 4,6-7

284

Die Einstellung meines Mannes

Herr, ich bitte dich, dass mein Mann ein Herz voller Dankbarkeit hat. Lass keinen Kummer sich auf seinen Geist legen (Sprüche 15,13), sondern lass jeden Tag für ihn ein Fest sein (Sprüche 15,15). Gib, dass er sich nie Sorgen macht, sondern sich in jeder Lage voller Dankbarkeit an dich wendet, damit dein Friede, der alles menschliche Begreifen weit übersteigt, sein Herz und seine Gedanken im Glauben an Jesus Christus bewahrt (Philipper 4,6-7). Lass ihn wie Paulus sagen können: »Ich habe gelernt, mit dem zufrieden zu sein, was ich habe« (Philipper 4,11). Danke, Herr, dass dieser priesterliche Segen auch für meinen Mann gilt: »Der Herr segne dich und beschütze dich! Der Herr wende sich dir freundlich zu und sei dir gnädig. Der Herr sei dir besonders nahe und gebe dir seinen Frieden« (4. Mose 6,24-26).

Geht durch die Tempeltore mit Dank, tretet ein in seine Vorhöfe mit Lobgesang. Dankt ihm und lobt seinen Namen.

Psalm 100,4

285

Unsere Ehe

Herr, ich bitte dich, dass du unsere Ehe vor allen Dingen bewahrst, die ihr schaden oder sie gefährden könnten. Schütze unsere Beziehung vor unserer eigenen Selbstsucht und Nachlässigkeit, vor den bösen Plänen und Absichten anderer Menschen und vor ungesunden oder gefährlichen Situationen. Hilf uns, damit wir nie auch nur den geringsten Gedanken daran verschwenden, einander untreu zu sein oder uns gegenseitig im Stich zu lassen. Befreie uns von Verletzungen, schlechten Erinnerungen und allen Bindungen an frühere Beziehungen und zeige uns, wo wir unrealistische Erwartungen aneinander stellen. Bewahre uns vor schlechten Angewohnheiten oder zerstörerischen Einflüssen.

Zwei haben es besser als einer allein: Zusammen erhalten sie mehr Lohn für ihre Mühe. Wenn sie hinfallen, kann einer dem anderen aufhelfen. Doch wie schlecht ist der dran, der allein ist und fällt, und keiner ist da, der ihm beim Aufstehen hilft.

PREDIGER 4,9-10

286

Unsere Ehe

Herr, schweiße uns fest zusammen und lass uns durch das Band der Freundschaft, Hingabe und Großzügigkeit miteinander verbunden sein. Hilf uns, Verständnis füreinander aufzubringen und nicht unreif oder feindselig zu reagieren. Erlöse uns von dem Gefühl der Unzulänglichkeit und schenke uns deinen Frieden. Zeige uns, wie wir uns die Zeit nehmen können, um unsere Freundschaft zu pflegen, und erinnere uns immer wieder daran, weshalb wir eigentlich geheiratet haben. Herr, ich bitte dich, dass mein Mann sein ganzes Leben vollständig deiner Herrschaft unterstellt, sodass er auch in schwierigen Situationen niemals in Erwägung zieht, mich zu verlassen. Lass unsere Liebe zueinander mit jedem Tag stärker werden, damit unsere Kinder nie unter einer Scheidung zu leiden haben werden.

Für die Verheirateten habe ich ein Gebot, das nicht von mir kommt, sondern vom Herrn. Eine Frau soll sich nicht von ihrem Ehemann scheiden lassen. Wenn sie sich aber doch von ihm trennt, soll sie allein bleiben oder zu ihm zurückkehren. Und ebenso soll ein Mann seine Frau nicht wegschicken.

1. Korinther 7,10-11

Die Gefühle meines Mannes

Herr, du hast in deinem Wort gesagt, dass du uns vergibst, wenn wir auf dich vertrauen (Psalm 34,23). Bitte erlöse meinen Mann von allen negativen Gefühlen und lass nicht zu, dass er jemals von Depressionen, Zorn, Sorge, Eifersucht, Hoffnungslosigkeit, Furcht oder Selbstmordgedanken beherrscht wird. Herr, du bist doch sein Helfer und Retter, mein Gott, zögere nicht länger (Psalm 40,18)! Du bist der Einzige, der ihn heilen und befreien kann, und ich bitte dich, dass du mich als dein Werkzeug gebrauchst. Bewahre meinen Mann davor, mich mit hinunterzuziehen, während er mit seinen negativen Gefühlen kämpft. Hilf mir, ihn richtig zu verstehen und ihn immer wieder zu ermutigen.

Geduldig hoffte ich auf die Hilfe des Herrn, und er wandte sich mir zu und hörte mein Schreien. Er rettete mich aus dem Sumpf der Verzweiflung, aus Matsch und Schlamm. Er stellte mich auf festen Boden und gab meinen Füßen festen Halt. Er legte mir ein neues Lied in meinen Mund, mit dem ich unseren Gott loben kann. Viele werden sehen, was er getan hat, und darüber staunen. Sie werden dem Herrn vertrauen.

Psalm 40,2-4

Die Gefühle meines Mannes

Herr, befreie meinen Mann von negativen Gefühlen. Schenke ihm die nötige Offenheit, damit er mir und anderen Vertrauenspersonen erzählen kann, was ihn bedrückt. Hindere ihn daran, alles in sich hineinzufressen, und nimm ihm jede Befangenheit, sodass er sich ausweinen kann. Schenke ihm aber auch echte Fröhlichkeit und genug Humor, um selbst schwierigen Situationen eine positive Seite abzugewinnen. Lehre ihn, sich nicht auf widrige Umstände zu konzentrieren, sondern sein Vertrauen auf dich zu setzen – unabhängig davon, wie er sich fühlt. Salbe ihn mit deinem Freudenöl (Jesaja 61,3), erfrische ihn durch deinen Heiligen Geist und bewahre ihn vor allen negativen Gefühlen.

Sich auf sich selbst zu verlassen ist dumm, wer sich aber an die Weisheit hält, lebt in Sicherheit.

SPRÜCHE 28,26

Der Lebenswandel meines Mannes

»Ich weiß, Herr, dass das Leben eines Menschen nicht in seinen eigenen Händen liegt. Es kann auch niemand seinem Leben von sich aus eine bestimmte Richtung geben« (Jeremia 10,23). Aus diesem Grund bitte ich dich, Herr, dass *du* den Lebensweg meines Mannes bestimmst. Führe ihn durch deinen Heiligen Geist und lehre ihn deine Wege, damit er sich nach deiner Wahrheit richtet. Gib, dass seine Beziehung zu dir immer tiefer und seine Sehnsucht nach deiner Gegenwart immer größer wird. Lass ihn danach streben, dein Wort immer besser zu verstehen und neue Erkenntnisse zu gewinnen. Bewahre ihn, damit er nie vom richtigen Weg abkommt, und hilf ihm, seine Fehler rasch einzugestehen. Zeige ihm, ob irgendeine verborgene Sünde zwischen ihm und dir steht, und schenke ihm die Kraft zu einer radikalen Kehrtwende, falls er deinen Geboten ungehorsam gewesen ist.

Herr, wer darf in dein Heiligtum kommen und dich auf dem heiligen Berg anbeten? Ein Mensch, der ein vorbildliches Leben führt und tut, was recht ist, und von Herzen die Wahrheit sagt.

Psalm 15,1-2

Der Lebenswandel meines Mannes

Herr, gib meinem Mann ein reines Herz und einen neuen, aufrichtigen Geist. Verstoße ihn nicht aus deiner Gegenwart und nimm deinen Heiligen Geist nicht von ihm (Psalm 51,12-13). Ich bitte dich darum, dass er sagen kann: »Ich habe mich an deinen Weg gehalten und bin nicht davon abgewichen« (Psalm 17,5). Bitte lass in seinem Leben die Früchte des Heiligen Geistes wachsen: Liebe, Freude, Frieden, Geduld, Freundlichkeit, Güte, Treue, Sanftmut und Selbstbeherrschung (Galater 5,22-23).

Die Ehrlichen und die Gerechten, diejenigen, die sich nicht durch Erpressung bereichern, die keine Bestechungsgelder annehmen, die mit Bluttaten nichts zu tun haben wollen, die nicht zusehen, wenn Unrecht geschieht. Das sind diejenigen, die in der Höhe wohnen werden. Die Felsen der Berge werden ihre Festungen sein. Sie werden genug zu essen und immer reichlich Wasser haben.

Jesaja 33,15-16

291

Das Reden meines Mannes

Herr, ich bitte dich, dass du durch deinen Heiligen Geist über dem Mund meines Mannes wachst, damit er nur solche Worte sagen kann, die andere ermutigen und ihnen weiterhelfen. Bewahre ihn davor, ständig zu jammern, andere zu verärgern oder Schimpfworte zu verwenden. Schenke ihm genug Selbstdisziplin, um seine Worte sorgfältig abzuwägen und in jedem Gespräch zum Ausdruck zu bringen, dass er dich ernst nimmt. Herr, du hast gesagt: »Wollt ihr ein glückliches Leben führen und gute Tage erleben? Dann hütet eure Zunge vor bösen Worten und verbreitet keine Lügen!« (Psalm 34,14-15). Bitte zeige meinem Mann, wie er dieser Aufforderung folgen kann. Fülle sein Herz mit deiner Liebe, sodass sein Reden deine Barmherzigkeit widerspiegelt. Auch für mich selbst erbitte ich das.

Verzichtet auf schlechtes Gerede, sondern was ihr redet, soll für andere gut und aufbauend sein, damit sie im Glauben ermutigt werden.

EPHESER 4,29

Das Reden meines Mannes

Herr, lass deinen Geist der Liebe über allen unseren Worten wachen, damit wir uns niemals gegenseitig verletzen oder einander falsch verstehen. Hilf uns, einander zu achten, uns gegenseitig Mut zu machen, einander alles anzuvertrauen, was wir empfinden, und alle notwendigen Entscheidungen in völliger Übereinstimmung zu treffen. Herr, du hast versprochen, dass, wenn zwei Menschen sich völlig einig sind, du selbst in ihrer Mitte sein wirst. Ich bitte dich, dass du auch das Gegenteil geschehen lässt: Komm in unsere Mitte, damit mein Mann und ich uns in allen Dingen einig sind. Nimm unsere Worte freundlich auf! »Herr, lass dir die Worte meines Mundes und die Gedanken meines Herzens gefallen! Herr, mein Fels und mein Erlöser« (Psalm 19,15).

Die Worte eines weisen Menschen machen ihn beliebt. Ein Dummkopf dagegen kommt durch seine eigenen Worte zu Fall.

Prediger 10,12

293

Die Umkehrbereitschaft meines Mannes

Herr, ich bitte dich, dass du meinem Mann zeigst, wo er sich im Irrtum befindet. Bewahre ihn davor, seine Fehler und Schwächen zu beschönigen, und lass alle Dinge und Geheimnisse bekannt werden (Matthäus 10,26). Gib ihm die Fähigkeit, seine Fehler rasch einzugestehen, und vergib ihm seine verborgene Schuld (Psalm 19,13). Hilf ihm, seine Fehler einzusehen, und führe ihn zu einer echten Umkehr. Herr, ich weiß, dass die Demut der Ehre vorausgeht (Sprüche 15,33), und deshalb bitte ich dich, dass du meinen Mann vor Stolz bewahrst. Nimm alles weg, was ihn daran hindert, dir seine Schuld zu bekennen, und bewirke in seinem Herzen eine echte Umkehrbereitschaft, sodass du ihm die Ehre schenken kannst, die du ihm geben möchtest.

Erforsche mich, Gott, und erkenne mein Herz, prüfe mich und erkenne meine Gedanken. Zeige mir, wenn ich auf falschen Wegen gehe und führe mich den Weg zum ewigen Leben.

Psalm 139,23-24

Die Freiheit meines Mannes

Herr, du hast in deinem Wort gesagt, dass wir auf dich vertrauen sollen, wenn wir in Not sind, und dass du uns helfen wirst (Psalm 50,15). Deshalb komme ich heute zu dir und bitte dich, dass du im Leben meines Mannes wirkst und ihn von allem befreist, was ihn gefangen hält. Erlöse ihn von seinen Abhängigkeiten. Führe ihn an den Punkt, an dem er erkennt, was ihn gebunden hält, sodass er dich um Befreiung bitten kann. Falls du sein Gebet nicht sofort erhörst, dann bewahre ihn bitte davor, den Mut zu verlieren. Erinnere ihn daran, dass du das gute Werk, das du bei ihm angefangen hast, auch vollenden wirst bis zu dem Tag, an dem Jesus Christus wiederkommt (Philipper 1,6). Schenke ihm auch in der hoffnungslosesten Situation die Gewissheit, dass für dich nichts unmöglich ist.

Der Herr ist mein Fels, meine Burg und mein Retter; mein Gott ist meine Zuflucht, bei dem ich Schutz suche. Er ist mein Schild, die Stärke meines Heils und meine Festung! Herr, wenn ich dich lobe und anrufe, dann werde ich vor meinen Feinden gerettet.

Psalm 18,3-4

295

Die Freiheit meines Mannes

Herr, lass meinen Mann stark werden durch die Verbindung mit dir und lass ihn die Waffen anlegen, die du ihm gibst, damit er den hinterhältigen Angriffen des Satans widerstehen kann (Epheser 6,10-11). Ich bete dafür, dass er den Gürtel der Wahrheit und den Panzer der Gerechtigkeit anzieht. Lass ihn an den Füßen bekleidet sein mit der Bereitschaft, die Gute Nachricht vom Frieden mit Gott zu verkünden. Ich bitte dich darum, dass er das Vertrauen auf dich als den Schild vor sich hält, mit dem er alle Brandpfeile des Satans abfangen kann. Die Gewissheit seiner Rettung sei sein Helm und dein Wort das Schwert, das der Geist ihm gibt. Hilf ihm, wachsam zu bleiben und unaufhörlich für alle Gläubigen zu beten (Epheser 6,13-18).

Der Herr spricht: »Ich will den erretten, der mich liebt. Ich will den beschützen, der auf meinen Namen vertraut.«

PSALM 91,14

296

Der Gehorsam meines Mannes

Herr, du hast in deinem Wort gesagt, dass du unsere Gebete nicht erhören kannst, solange wir böse Gedanken haben (Psalm 66,18). Weil ich möchte, dass du meine Gebete erhörst, bitte ich dich, dass du mir durch deinen Heiligen Geist offenbarst, ob ich dir in irgendeiner Weise ungehorsam gewesen bin. Zeige mir vor allen Dingen, ob ich mich meinem Mann gegenüber egoistisch, lieblos, kritisch, zornig oder nachtragend verhalte. Ich bekenne dir meine Sünden und bitte dich, dass du mir vergibst. Herr, bitte schenke meinem Mann das Verlangen, sich an deine Gebote zu halten. Bring jeden Punkt ans Licht, an dem er sich bewusst deinem Willen widersetzt, und verändere seine Einstellung, sodass er diese Sache bereitwillig deiner Herrschaft unterstellt. Hilf ihm, damit alle seine Gedanken und Taten im Einklang mit deinem Willen stehen.

Mein Sohn, vergiss nicht, was ich dich gelehrt habe. Bewahre meine Gebote in deinem Herzen, denn sie schenken dir ein langes und zufriedenes Leben. Gnade und Treue sollen dir nicht verloren gehen. Trage sie wie eine Kette um deinen Hals und schreibe sie dir tief ins Herz.

SPRÜCHE 3,1-3

297

Der Gehorsam meines Mannes

Herr, lass meinen Mann nach Disziplin streben und dir von ganzem Herzen nachfolgen. Belohne seine Aufrichtigkeit und gib ihm seinen Lohn, weil er unschuldig ist (Psalm 18,21). Zeige ihm den Weg, den er gehen soll; lass ihn erkennen, was du von ihm verlangst. Lehre ihn, nach deiner Wahrheit zu leben, weil du der Gott bist, der ihn rettet. Auf dich möge er zu jeder Zeit hoffen (Psalm 25,4-5). Bitte schenke meinem Mann eine dankbare Haltung und lass ihn in der Anbetung deinen Willen erkennen. Indem er dich preist, wird sich seine Einstellung verändern und er wird neue Kraft bekommen, um sein Leben nach deinen Maßstäben auszurichten. Zeige ihm ganz konkret, was er tun soll, und schenke ihm die nötigen Fähigkeiten dazu. Erwecke in ihm das aufrichtige Verlangen, dir zu gehorchen, und segne ihn mit dem Frieden, den wir nur spüren können, wenn wir uns uneingeschränkt deiner Herrschaft unterstellen.

Gehorcht mir, dann werde ich euer Gott sein und ihr werdet mein Volk sein. Tut, was ich euch sage, damit es euch gut geht!

Jeremia 7,23

Das Selbstbild meines Mannes

Herr, ich wünsche mir von ganzem Herzen, dass mein Mann seine Identität in dir findet. Lass ihn erkennen, wie wertvoll er in deinen Augen ist. Zeige ihm, welche einzigartigen Fähigkeiten du ihm geschenkt hast und wie er sie einsetzen kann. Mach ihm begreiflich, dass er innerhalb deiner großartigen Schöpfung einen ganz besonderen Platz einnimmt. Bring alle Stimmen zum Schweigen, die ihm etwas anderes einreden wollen, und öffne seine Ohren, damit er deine Stimme hören kann. Zeige ihm, dass er sich nicht aus eigener Kraft um Vollkommenheit bemühen muss, um in seinem Leben erfolgreich zu sein, sondern dass er sich völlig auf deine Gnade verlassen darf.

Von uns allen wurde der Schleier weggenommen, sodass wir die Herrlichkeit des Herrn wie in einem Spiegel sehen können. Und der Geist des Herrn wirkt in uns, sodass wir ihm immer ähnlicher werden und immer stärker seine Herrlichkeit widerspiegeln.

2. Korinther 3,18

Das Selbstbild meines Mannes

Herr, lass meinen Mann erkennen, dass er dein Abbild ist und deine Herrlichkeit widerspiegelt (1. Korinther 11,7). In Jesus lebt die Fülle Gottes, und durch dich sind wir damit erfüllt (Kolosser 2,9). Schenke meinem Mann deinen Frieden und die feste Gewissheit, dass er von dir angenommen und nicht abgelehnt wird. Befreie ihn von allen falschen Hemmungen und bewahre ihn davor, sich zu sehr auf sich selbst zu konzentrieren. Zeige ihm, wer *du* bist, damit er erkennt, wer er selbst ist. Gestalte du ihn nach deinem Bild, sodass er Jesus Christus immer ähnlicher wird. Meinem Mann spreche ich zu: »Steh auf und leuchte! Denn dein Licht ist gekommen und die Herrlichkeit des Herrn erstrahlt über dir« (Jesaja 60,1).

Denn Gott hat sie schon vor Beginn der Zeit auserwählt und hat sie vorbestimmt, seinem Sohn gleich zu werden, damit sein Sohn der Erstgeborene unter vielen Geschwistern werde.

Römer 8,29

300

Der Glaube meines Mannes

Herr, ich bitte dich, dass du meinem Mann heute einen größeren Glauben schenkst. Hilf ihm, uneingeschränkt auf dich, dein Wort, deine Wege, deine Verheißungen und deine Macht zu vertrauen. Wecke in ihm die Sehnsucht, mit dir zu reden und deine Stimme zu hören. Lass ihn erkennen, dass deine Nähe ausreicht, um alle seine Bedürfnisse zu stillen, sodass er nicht nur zu dir kommt, wenn er etwas Bestimmtes braucht. Gib, dass er dich sucht, sich in allen Dingen auf dich verlässt, sich von deinem Heiligen Geist führen lässt, dich grundsätzlich an die erste Stelle setzt und in allen Dingen zum Ausdruck bringt, dass er dich ernst nimmt. Herr, du sagst in deinem Wort: »Was nicht im Glauben geschieht, ist Sünde« (Römer 14,23). Hilf meinem Mann, frei von der Sünde des Zweifelns zu sein.

Aber wer ihn fragt, soll auch wirklich mit seiner Antwort rechnen! Denn einer, der zweifelt, ist so aufgewühlt wie eine Meereswoge, die vom Wind getrieben und hin- und hergeworfen wird. Ein solcher Mensch darf nicht erwarten, etwas von Gott zu erhalten, denn er ist unbeständig und schwankt ständig hin und her.

JAKOBUS 1,6-8

301

Der Glaube meines Mannes

Herr, du hast gesagt, dass der Glaube durch das Hören der Botschaft und die Botschaft von Christus kommt (Römer 10,17). Hilf meinem Mann, sich so intensiv mit deinem Wort zu beschäftigen, dass er felsenfest davon überzeugt ist, dass für dich *alles* möglich ist (Matthäus 19,26). Gib ihm die unerschütterliche Gewissheit, dass du alles tun kannst, was du uns versprichst (Römer 4,20-21). Lass seinen Glauben ihn wie ein Schild vor den Pfeilen des Satans beschützen und die Berge in seinem Leben von einer Stelle zur anderen bewegen. Danke, dass du in deinem Wort zugesagt hast: »Durch den Glauben hat ein Gerechter Leben« (Römer 1,17). Hilf meinem Mann, sein Leben so zu führen, wie du es ursprünglich für ihn geplant hast, und gib, dass er voller Überzeugung sagen kann: »Wie groß ist deine Güte, die du denen bereithältst, die dich ehren, und vor den Menschen denen zeigst, die dich um Schutz bitten« (Psalm 31,20).

Da wir nun durch den Glauben von Gott für gerecht erklärt worden sind, haben wir Frieden mit Gott durch das, was Jesus, unser Herr, für uns tat.

Römer 5,1

Die Zukunft meines Mannes

Herr, bitte schenke meinem Mann eine Vision für seine Zukunft. Lass ihn erkennen, dass du etwas Gutes mit ihm vorhast und ihm eine Zukunft geben möchtest, wie er sie erhofft (Jeremia 29,11). Erfülle ihn durch deinen Geist mit aller Weisheit und Einsicht und lass ihn erkennen, was dein Wille ist. Hilf ihm so zu leben, wie es dir Ehre macht, und stets zu tun, was dir gefällt. Sein Leben soll dich mit allem erfreuen, was er tut, und er soll dich immer besser kennenlernen (Kolosser 1,9-10). Ich bitte dich, dass er sich von deinem Heiligen Geist leiten lässt und sich nie vor der Zukunft fürchtet. Hilf ihm, täglich reifer zu werden und im Glauben zu wachsen, seine Wünsche und Träume deinem Willen unterzuordnen und zu erkennen, dass für dich sogar die Dinge möglich sind, die für die Menschen unmöglich sind (Lukas 18,27).

»Denn ich weiß genau, welche Pläne ich für euch gefasst habe«, spricht der Herr. »Mein Plan ist, euch Heil zu geben und kein Leid. Ich gebe euch Zukunft und Hoffnung.«

Jeremia 29,11

303

Die Zukunft meines Mannes

Herr, zeige meinem Mann die richtigen Ziele und hilf ihm, sein Leben so zu führen, dass er täglich in seine Zukunft investiert. Bewahre ihn davor, seine Vision aus den Augen zu verlieren, und gib ihm eine Hoffnung für die Zukunft, die wie ein vertrauenswürdiger Anker ist (Hebräer 6,19). Erfülle die Wünsche seines Herzens (Psalm 21,3) und schenke, dass er noch im hohen Alter Frucht trägt und lebendig bleibt (Psalm 92,13-15). Gib ihm eine so unerschütterliche Vision für die Ewigkeit, dass er sich nicht einmal fürchtet, wenn er eines Tages sterben muss. Danke, dass er für alle Zeit in deiner Nähe bleiben darf und dass sein ganzes Leben im Schatten deiner Liebe stehen wird.

Eine einzige Bitte habe ich an den Herrn. Ich sehne mich danach, solange ich lebe, im Haus des Herrn zu sein, um seine Freundlichkeit zu sehen und in seinem Tempel still zu werden.

Psalm 27,4

Teil V

Mein Gebet macht unsere Kinder stark

Eltern des Gebets werden

Herr, ich übergebe mich in deine Hand. Ich weiß, dass es meine menschlichen Fähigkeiten übersteigt, ein Kind auf die Weise großzuziehen, wie du es von mir erwartest. Deshalb brauche ich deine Hilfe. Ich möchte mit dir zusammenarbeiten und Anteil haben an den Gaben der Weisheit, Leitung und des Urteilsvermögens. Ebenso brauche ich deine Kraft, Geduld und Liebe, die durch mich fließt. Lehre mich so zu lieben, wie du es tust. Wo ich geheilt, befreit, verändert werden oder reifen muss oder wo mir etwas fehlt, da bitte ich dich, dies zu tun. Hilf mir, rechtschaffen und aufrichtig vor dir mein Leben zu führen. Lehre mich deine Wege und hilf mir, deinen Geboten zu gehorchen und nur zu tun, was dir gefällt.

Ein gottesfürchtiger Mensch führt ein vorbildliches Leben; durch ihn werden seine Kinder gesegnet sein.

Sprüche 20,7

305

Eltern des Gebets werden

Herr, lass deinen Geist in mir so sichtbar sein, dass ich ein gutes Vorbild für unser Kind sein kann. Gib mir die nötigen Fähigkeiten zum guten Kommunizieren, Lehren und Erziehen. Lass mich zu der Art von Mutter/Vater werden, die/der ich sein soll, und lehre mich zu beten und ernsthaft für ihr/sein Leben Fürbitte zu tun. Du hast in deinem Wort gesagt: »Wenn ihr glaubt, werdet ihr alles bekommen, worum ihr im Gebet bittet« (Matthäus 21,22). In Jesu Namen bitte ich, dass du mein Vertrauen stärkst, damit ich genug Glauben habe für all die Dinge, die du mir zum Gebet für unser Kind auf mein Herz gelegt hast.

Ihr dürft in meinem Namen um alles bitten, und ich werde eure Bitten erfüllen, weil durch den Sohn der Vater verherrlicht wird. Bittet, um was ihr wollt, in meinem Namen, und ich werde es tun! Wenn ihr mich liebt, werdet ihr meine Gebote halten.

JOHANNES 14,13-14

Unser Kind in Gottes Hand geben

Herr, ich komme zu dir in Jesu Namen und vertraue dir (Name des Kindes) an. Ich bin davon überzeugt, dass du allein weißt, was das Beste für sie/ihn ist. Du allein weißt, was sie/er braucht. Ich überlasse sie/ihn deiner Fürsorge und deinem Schutz, und ich verpflichte mich, für alles zu beten, was mir bezüglich ihrer/seiner Person einfällt oder was du auf mein Herz gelegt hast. Zeige mir, wie ich beten soll, und führe mich in dem, worum ich bete. Hilf mir, nicht meinen eigenen Willen in den Vordergrund zu stellen, wenn ich für unser Kind bete, sondern hilf mir so zu beten, dass dein Wille in seinem Leben geschieht. Danke, dass ich in der Erziehung unseres Kindes mit dir zusammenarbeiten kann.

Die Gnade des Herrn aber gilt bis in alle Ewigkeit allen, die ihm gehorsam sind. Seine Gerechtigkeit reicht bis zu den Kindern seiner Kinder, die seinem Bund treu sind und seinen Geboten gehorchen!

Psalm 103,17-18

307
Unser Kind in Gottes Hand geben

Danke, Herr, für die wunderbare Gabe, die unser Kind ist. Dein Wort sagt, dass alle guten Gaben von dir kommen, und deswegen weiß ich, dass du sie/ihn mir gegeben hast, um für sie/ihn zu sorgen und sie/ihn zu erziehen. Hilf mir hierbei. Zeige mir die Stellen, wo ich sie/ihn zu sehr festhalte, und mach mich bereit, sie/ihn deinem Schutz, deiner Führung und deinem Plan zu überlassen. Hilf mir, nicht in Angst vor möglichen Gefahren zu leben, sondern in Freude und Frieden, weil ich weiß, dass du alles unter Kontrolle hast. Ich bin dankbar, dass ich mich nicht auf die nicht-christlichen und unzuverlässigen, sich ständig ändernden Methoden in der Kindererziehung verlassen muss, sondern dass ich klare Anweisungen durch dein Wort bekommen kann und Weisheit, wenn ich dich darum bitte. Ich verlasse mich auf dich in allen Dingen, vertraue dir unser Kind an und gebe sie/ihn in deine Hände.

Wenn ihr, die ihr Sünder seid, wisst, wie man seinen Kindern Gutes tut, wie viel mehr wird euer Vater im Himmel denen, die ihn darum bitten, Gutes tun.

Matthäus 7,11

Unser Kind in Gottes Hand geben

Herr, unser Kind wächst in (nennen Sie den Namen Ihrer Stadt) auf. Ich bitte dich herzlich, dass du Herr dieser Gegend bist. Gieße deinen Geist auf jedermann aus, sodass alle Menschen zu dir gezogen werden. Mache unsere Straße vor Unfällen und bösen Menschen sicher. Nimm böse Menschen mit bösen Absichten für unsere Kinder aus dieser Stadt und aus unserem Leben heraus. Segne und beschütze unsere Kinder und alle Kinder unserer Stadt. Erinnere mich, oft für meine Stadt zu beten, und zeige mir, wie ich mich im Gebet mit anderen zusammentun kann, sodass dies ein wunderbarer Ort sein kann, um Kinder großzuziehen.

Was mich angeht, so werde ich ganz bestimmt nicht gegen den Herrn sündigen, indem ich aufhöre, für euch zu beten.

1. Samuel 12,23

309

Bitte um Schutz für unser Kind

Herr, ich bringe (Name des Kindes) vor dich und bitte dich, dass du einen Schutzwall um sie/ihn errichtest. Schütze ihren/seinen Geist, Körper, Verstand und Gefühle gegen alles Schlechte oder Schädliche. Ich bitte dich besonders um Schutz vor Unfällen, Krankheit, Verletzungen oder vor irgendeinem körperlichen, mentalen oder emotionalen Missbrauch. Ich bitte dich, dass sie/er sich »unter den Schatten deiner Flügel« flüchtet, »bis das Unglück vorüber ist« (Psalm 57,2). Bewahre sie/ihn vor aller Art von schlechten Einflüssen, die auf sie/ihn zukommen könnten.

Wenn du durch das Wasser gehst, werde ich bei dir sein. Ströme sollen dich nicht überfluten! Wenn du durchs Feuer gehst, wirst du nicht verbrennen; die Flammen werden dich nicht verzehren!

JESAJA 43,2

Bitte um Schutz für unser Kind

Danke, Herr, für deine vielen Schutzversprechen. Ich bitte dich, dass du einen Wall von Sicherheit und Schutz von allen Seiten um (Name des Kindes) baust und sie/ihn vor Schaden bewahrst. Schütze sie/ihn vor allen versteckten Gefahren. Hilf ihr/ihm, auf deinen Wegen zu gehen und deinem Willen zu gehorchen, sodass sie/er nie von deiner schützenden Hand weicht. Bewahre sie/ihn in allem, was sie/er tut und wo auch immer sie/er sich befindet. Das bitte ich dich in Jesu Namen.

Wenn der Herr deine Zuflucht ist, wenn du beim Höchsten Schutz suchst, dann wird das Böse dir nichts anhaben können, und kein Unglück wird dein Haus erreichen.

Psalm 91,9-10

311

Sich geliebt und angenommen fühlen

Herr, ich bete für (Name des Kindes), dass sie/er sich geliebt und angenommen fühlt. Durchdringe ihr/sein Herz gerade jetzt mit deiner Liebe und hilf ihr/ihm zu verstehen, wie weitreichend und umfassend deine Liebe ist. Dein Wort sagt, dass du uns so sehr geliebt hast, dass du deinen einzigen Sohn hingabst, um für uns zu sterben (Johannes 3,16). Befreie sie/ihn von allen Lügen des Feindes, die sich vielleicht in ihrem/seinem Herzen eingenistet haben und die sie/ihn daran zweifeln lassen. Herr, hilf (Name des Kindes), in deiner Liebe zu bleiben. Lass sie/ihn wie David sprechen können: »Lass mich schon am Morgen deine Gnade erfahren, denn ich vertraue auf dich« (Psalm 143,8). Lass unser Kind heute deine Liebe ganz real erfahren und hilf ihr/ihm, sie anzunehmen.

Wir haben erkannt, wie sehr Gott uns liebt, und wir glauben an seine Liebe. Gott ist Liebe, und wer in der Liebe lebt, der lebt in Gott und Gott lebt in ihm.

1. Johannes 4,16

312

Sich geliebt und angenommen fühlen

Herr, ich bete dafür, dass du mir hilfst, unser Kind bedingungslos zu lieben, so wie du es tust. Hilf mir, dies auf eine Art auszudrücken, die sie/er annehmen kann. Zeige mir, wie ich deine Liebe zu ihr/ihm so darstellen und verkörpern kann, dass es klar verstanden wird. Ich bitte dich, dass alle meine Familienmitglieder sie/ihn lieben und annehmen und sie/er auch in den Augen anderer Menschen Gefallen findet. Mache sie/ihn zu einem Gefäß, durch das deine Liebe zu anderen fließt, und zwar mit jedem Tag, an dem sie/er im Vertrauen darauf wächst, dass sie/er geliebt und angenommen ist. Sie/er wird dieses Wachstum erleben, je mehr sie/er die Tiefe deiner Liebe zu ihr/ihm erfasst.

Und das ist die wahre Liebe: Nicht wir haben Gott geliebt, sondern er hat uns zuerst geliebt und hat seinen Sohn gesandt, damit er uns von unserer Schuld befreit. Liebe Freunde, weil Gott uns so sehr geliebt hat, sollen wir auch einander lieben.

1. Johannes 4,10-11

313

Auf die Ewigkeit ausgerichtet sein

Herr, ich bringe (Name des Kindes) vor dich und bitte dich, dass du ihr/ihm hilfst, immer tiefer zu verstehen, wer du bist. Öffne ihr/sein Herz und hilf ihr/ihm zu einem vollen Verständnis der Wahrheit über dich. Herr, du hast in deinem Wort gesagt: »Wenn du mit deinem Mund bekennst, dass Jesus der Herr ist, und wenn du in deinem Herzen glaubst, dass Gott ihn von den Toten auferweckt hat, wirst du gerettet werden« (Römer 10,9). Schenke diese Art von Glauben unserem Kind. Lass sie/ihn dich ihren/seinen Retter nennen, erfülle sie/ihn mit dem Heiligen Geist und hilf ihr/ihm, dich in alle Lebensbereiche hineinzulassen und sich zu entscheiden, dir und deinen Wegen immer zu folgen. Hilf ihr/ihm zu glauben, dass Jesus sein Leben für sie/ihn gelassen hat, damit sie/er jetzt ewiges und überfließendes Leben haben kann.

Denn mein Vater will, dass alle, die seinen Sohn sehen und an ihn glauben, das ewige Leben haben – und dass ich sie am letzten Tag auferwecke.

Johannes 6,40

314

Auf die Ewigkeit ausgerichtet sein

Herr, ich bitte dich, dass (Name des Kindes) ein fruchtbringendes Leben führen und dich immer besser kennenlernen kann. Lass sie/ihn immer deinen Willen erkennen, Verständnis für geistliche Dinge haben und ihr/sein Leben so führen, dass es dir gefällt. Du hast in deinem Wort versprochen: »Ich werde meinen Geist auf deine Nachkommen und meinen Segen über deinen Kindern ausgießen« (Jesaja 44,3). Danke, Herr, dass du dich sogar mehr als ich um ihre/seine ewige Zukunft kümmerst und dass sie bei dir gesichert ist. In Jesu Namen bitte ich, dass sie/er an allen Tagen ihres/seines Lebens weder zweifelt noch von dem Weg abkommt, den du für sie/ihn vorgesehen hast.

Und ich werde den Vater bitten, und er wird euch einen anderen Ratgeber geben, der euch nie verlassen wird. Es ist der Heilige Geist, der in alle Wahrheit führt. Die Welt kann ihn nicht empfangen, denn sie sucht ihn nicht und erkennt ihn nicht. Ihr aber kennt ihn, weil er bei euch bleibt und später in euch sein wird.

Johannes 14,16-17

315

Die Eltern ehren

Herr, ich bitte dich, dass du (Name des Kindes) ein Herz gibst, das dir gerne gehorcht. Lege in sie/ihn eine Sehnsucht, Zeit mit dir in deinem Wort und im Gebet zu verbringen und auf deine Stimme zu hören. Leuchte mit deinem Licht auf jede heimliche oder nicht sichtbare Rebellion, die in ihrem/seinem Herzen Wurzeln schlägt, damit sie entlarvt und zerstört werden kann. Herr, ich bitte dich, dass sie/er sich nicht dem Stolz, der Selbstsucht und Rebellion hingibt. Mithilfe der Autorität, die du mir in Jesu Namen gegeben hast, möchte ich mich den Machenschaften des Satans entgegenstellen und falschen Göttern, Rebellion, Starrköpfigkeit und Respektlosigkeit widerstehen. Daher werden auch diese Dinge nicht im Leben unserer Tochter/unseres Sohnes von Bedeutung sein, und unser Kind wird auch nicht durch sie von ihrem Weg mit dir abgebracht werden.

Wer den Vater verspottet und die Mutter verachtet, dessen Augen werden die Raben am Bach aushacken und die jungen Adler fressen.

SPRÜCHE 30,17

316

Die Eltern ehren

Herr, dein Wort lehrt uns: »Ihr Kinder, gehorcht euren Eltern in allem! Denn das freut den Herrn« (Kolosser 3,20). Ich bitte dich, dass du das Herz von (Name des Kindes) zu uns als ihren/seinen Eltern kehrst und ihr/ihm hilfst, uns als ihrem/seinem Vater und ihrer/seiner Mutter zu gehorchen, sodass es ihr/ihm gut gehe und sie/er lange lebe auf Erden. Wende ihr/sein Herz dir zu, sodass dir alles, was sie/er tut, wohlgefällt. Hilf ihr/ihm, die Schönheit und Einfachheit kennenzulernen, die ein Leben mit sich bringt, das sich dir mit einem aufmerksamen und demütigen Geist im Gehorsam hingibt.

Mein Sohn, höre auf die Zurechtweisungen deines Vaters und lehne nicht ab, was deine Mutter dich lehrt. Was du von ihnen lernst, ist wie eine schöne Krone für deinen Kopf und wie eine Kette für deinen Hals.

SPRÜCHE 1,8-9

317

Die Beziehungen in der Familie pflegen

Herr, ich bitte dich für (Name des Kindes) und ihre/seine Beziehung zu allen Familienmitgliedern. Schütze und bewahre sie/ihn vor einem nicht geklärten oder dauerhaften Konflikt. Fülle ihr/sein Herz mit deiner Liebe und hilf ihr/ihm, barmherzig und vergebungsbereit zu sein, sodass dies auf jedes Familienmitglied überfließen kann. Besonders bitte ich dich für eine enge, glückliche, liebevolle und erfüllte Beziehung zwischen (Name des Kindes) und (Name eines Familienmitgliedes). Lass zwischen ihnen immer eine gute Kommunikation stattfinden und Unversöhnlichkeit in ihren Herzen keine Chance haben. Hilf ihnen, einander zu lieben und zu schätzen, dankbar zu sein und einander zu achten, sodass die von dir gewollte Verbindung zwischen ihnen nicht abgebrochen werden kann.

Gott segnet die, die sich um Frieden bemühen, denn sie werden Kinder Gottes genannt werden.

MATTHÄUS 5,9

Die Beziehungen in der Familie pflegen

Herr, ich bitte dich, dass du unser Kind lehrst, wie man Missverständnisse nach deinem Wort klärt. Wenn es schon ein Missverständnis gibt oder wenn eine Beziehung schon mühsam oder beschwerlich ist, dann bitte ich dich, Herr, dass du das Problem löst und die Beziehung heilst. Ich bitte dich, dass es keine Spannung, keinen Bruch, keinen Mangel an Verständnis, kein Argumentieren, Kämpfen und Trennen von Verbindungen gibt. Dein Wort lehrt uns, dass wir »alle einig sein [sollen], voller Mitgefühl und gegenseitiger Liebe«; wir sollen »barmherzig zueinander und demütig« sein (1. Petrus 3,8). Hilf ihr/ihm, entsprechend zu leben und sich zu bemühen, im Geist eins zu sein und Frieden zu halten (Epheser 4,3). In Jesu Namen bitte ich dich, dass du in ihr/ihm Liebe und Barmherzigkeit für alle Familienmitglieder hervorrufst, die stark und endlos sind wie eine Schnur, die nicht zerrissen werden kann.

Wie schön und wie wunderbar ist es, wenn Brüder einträchtig zusammenleben!

Psalm 133,1

319
Gute Freunde und Vorbilder finden

Herr, ich bringe (Name des Kindes) vor dich und bitte dich, dass du Freunde und Vorbilder in ihr/sein Leben bringst, die an dich glauben. Schenke ihr/ihm die nötige Weisheit, um Freunde zu finden, die dir nachfolgen, und hilf ihr/ihm, niemals Kompromisse in ihrem/seinem Leben mit dir zu schließen, um von anderen akzeptiert zu werden. Ich bitte dich, dass du jeden, der keinen guten Einfluss auf unser Kind ausübt, aus ihrem/seinem Leben herausnimmst oder aber du diese Person in dein Bild veränderst. Dein Wort sagt: »Wer sich mit den Weisen trifft, wird weise; wer sich mit den Narren einlässt, wird sich selbst schaden« (Sprüche 13,20). Schenke, dass unser Kind mit weisen Freunden Umgang haben kann, damit sie/er nicht die negativen Erfahrungen machen muss, die durch den Umgang mit leichtsinnigen Menschen entstehen können.

Halte dich von einem zornigen Menschen fern und meide den Jähzornigen, damit du nicht wirst wie sie und dein Leben aufs Spiel setzt.

Sprüche 22,24-25

Gute Freunde und Vorbilder finden

Herr, ich bitte dich, dass du (Name des Kindes) von jeder Person in ihrem/seinem Leben befreist, die einen Charakter hat, der nicht von dir geprägt ist, damit sie/er nicht den Stil dieser Person übernimmt. Wenn sie/ihn ein Kummer über eine verlorene Freundschaft bedrückt, tröste sie/ihn. Schenke ihr/ihm neue Freunde, denen sie/er sich anschließen kann, mit denen sie/er sich austauschen kann und bei denen sie/er so sein kann, wie du sie/ihn geschaffen hast. Herr, bitte nimm alle Einsamkeit oder Minderwertigkeitsgefühle weg, die sie/ihn dazu bringen würden, sich auf Beziehungen einzulassen, die dich nicht ehren. In Jesu Namen bitte ich, dass du ihr/ihm die Bedeutung wahrer Freundschaft zeigst. Lehre sie/ihn, ein guter Freund zu sein und starke, enge und dauerhafte Beziehungen einzugehen. Lass jede ihrer/seiner Freundschaften dich immer ehren.

Handle nicht wie die Gottlosen und entscheide dich nicht für den Weg der Bösen.

Sprüche 4,14

321

Sehnsucht nach Gott haben

Herr, ich bitte dich für (Name des Kindes), dass sie/er ein ständig wachsendes Verlangen nach mehr von dir hat. Schenke ihr/ihm Sehnsucht nach deiner Gegenwart – Sehnsucht, mit dir Zeit im Gebet, in Lobpreis und Anbetung zu verbringen. Wecke in ihr/ihm das Bedürfnis nach der Wahrheit deines Wortes und nach Liebe für deine Gebote und Wege. Lehre sie/ihn, im Vertrauen auf dich zu leben und sich durch den Heiligen Geist führen zu lassen. Rüste sie/ihn mit der Bereitschaft aus, das zu tun, was du ihr/ihm sagst. Lass sie/ihn keinen Verpflichtungen oder Zeitvertreib fern von dir nachgehen, und lass sie/ihn sich eher abgestoßen fühlen von Dingen, die nichts mit dir zu tun haben oder im Gegensatz zu dir stehen. Lass alles, was sie/er tut, und jede Entscheidung, die sie/er trifft, von einer tiefen Ehrfurcht vor dir und Liebe zu dir und deinen Wegen geprägt sein. Hilf ihr/ihm, sich nichts auf ihre Weisheit einzubilden, sondern stattdessen dich zu fürchten und das Böse zu meiden (Sprüche 3,7).

Gott segnet die, die nach Gerechtigkeit hungern, denn sie werden sie im Überfluss erhalten.

Matthäus 5,6

Sehnsucht nach Gott haben

Herr, ich bitte dich, dass (Name des Kindes) eine tiefe Sehnsucht nach dir entwickelt. Hilf ihr/ihm, dich so sehr zu lieben, dass Loben und Anbeten zu ihrem/seinem Lebensstil wird. Ich bitte dich, dass sie/er den starken Wunsch hat, deine Heiligkeit ihr/sein ganzes Wesen durchdringen zu lassen und ein solches Leben zu führen, das für deine Ziele zur Verfügung steht. Hilf ihr/ihm, sich jederzeit in ihrem/seinem Leben nach dir auszurichten.

Ehrt den herrlichen Namen des Herrn. Betet den Herrn an in seinem heiligen Glanz.

Psalm 29,2

Sehnsucht nach Gott haben

Herr, ich bitte dich, dass du (Name des Kindes) dabei hilfst, vertrauenswürdig, zuverlässig, verantwortungsbewusst, mitfühlend, empfindsam, liebevoll und großzügig zu sein. Befreie sie/ihn von allem Stolz, aller Trägheit und Faulheit, Selbstsucht oder Begierde. Schenke ihr/ihm einen gelehrigen und sich unterordnenden Geist und lass sie/ihn gleichzeitig fähig sein, zu ihren/seinen Überzeugungen zu stehen. Ich bitte dich, dass sie/er immer zu einer christlichen Gemeinde gehören möchte, die offen ist für die Wahrheit deines Wortes, Lobpreis und Gebet. Schreibe dein Gesetz in ihr/sein Gemüt und Herz, damit sie/er ihr/sein Leben in dem Vertrauen und der Gewissheit führen kann, dass deine Gebote vollkommen sind. Wenn sie/er beten lernt, lehre sie/ihn, auf deine Stimme zu hören. Lass immer ein Feuer des Heiligen Geistes in ihrem/seinem Herzen sein und eine unerschütterliche Sehnsucht nach den Dingen, die dich betreffen.

Glücklich sind die, die sich an seine Weisungen halten und ihn von ganzem Herzen suchen.

Psalm 119,2

324

Werden, wie Gott es möchte

Herr, ich bitte dich, dass du heute auf (Name des Kindes) deinen Geist ausgießt und ihr/ihm hilfst so zu sein und das zu tun, wozu du sie/ihn berufen hast. Lass sie/ihn nie von deinem Weg abkommen und lass sie/ihn nicht versuchen etwas zu sein, wozu du sie/ihn nicht geschaffen hast. Befreie sie/ihn von jedem bösen Vorhaben, das vom Satan kommt. Lass nicht zu, dass er ihr/sein Leben raubt oder ihre/seine Einzigartigkeit und Begabung stiehlt. Lass auch nicht zu, dass er sie/ihn den Weg, zu dem du sie/ihn berufen hast, halbherzig gehen lässt oder er ihre/seine Persönlichkeit zerstört. Schenke, dass sie/er niemandem außer dir folgt und sie/er andere Menschen in dein Reich führt. Lass die Frucht des Geistes, nämlich Liebe, Freude, Frieden, Geduld, Freundlichkeit, Güte, Treue, Sanftmut und Selbstbeherrschung, täglich in ihr/ihm wachsen.

Deshalb, liebe Freunde, bemüht euch zu zeigen, dass Gott euch berufen und erwählt hat! Wenn ihr das tut, werdet ihr niemals stolpern oder von Gott abfallen.

2. Petrus 1,10

325

Werden, wie Gott es möchte

Herr, ich bitte dich, dass (Name des Kindes) ihre/seine Identität in dir findet. Hilf ihr/ihm, sich selbst als dein Werkzeug anzusehen und ohne jeden Zweifel zu wissen, dass sie/er in dir vollkommen ist. Gib ihr/ihm eine Perspektive für ihr/sein Leben, wenn es darum geht, Ziele zu setzen. Schenke ihr/ihm den Blick für das, wozu du sie/ihn berufen hast. Hilf ihr/ihm, sich selbst so zu sehen, wie du es tust – von ihrer/seiner Zukunft her und nicht von ihrer/seiner Vergangenheit. Lehre sie/ihn, auf dich als ihre/seine Hoffnung für die Zukunft zu schauen. Lass ihre/seine Entschlossenheit, das zu sein, wozu du sie/ihn geschaffen hast, ihr/ihm dabei helfen, täglich im Vertrauen auf dich und in dem Mut zu wachsen, der vom Heiligen Geist geführt wird.

Kein Auge hat je gesehen, kein Ohr je gehört und kein Verstand je erdacht, was Gott für diejenigen bereithält, die ihn lieben.

1. Korinther 2,9

326

Die Wahrheit sagen

Herr, ich bitte dich, dass du (Name des Kindes) mit deinem Geist der Wahrheit erfüllst. Gib ihr/ihm ein Herz, das die Wahrheit liebt, ihr folgt und alle Lügen abwehrt. Nimm alles in ihr/ihm weg, was Lügen wachsen lassen könnte. Reinige sie/ihn von allem Zerstörerischen, das sich als Folge von Lügen eingeschlichen hat, die sie/er vielleicht ausgesprochen oder gedacht hat. Ich bitte dich, dass sie/er nicht getäuscht oder hintergangen wird, sondern deine Wahrheit immer deutlich verstehen kann.

Gnade und Treue sollen dir nicht verloren gehen. Trage sie wie eine Kette um deinen Hals und schreibe sie dir tief in dein Herz. Dann wirst du freundlich und klug werden und Anerkennung bei Gott und den Menschen finden.

SPRÜCHE 3,3-4

327

Die Wahrheit sagen

Herr, ich bitte dich, dass (Name des Kindes) niemals mit Lügen weiterkommt – dass alle Lügen ans Licht kommen. Wenn sie/er lügt, lass sie/ihn sich so elend fühlen, dass sie/er die Lügen zugibt und die Konsequenzen daraus als eine Befreiung erscheinen. Hilf mir, ihr/ihm beizubringen, was es bedeutet zu lügen, und angemessen mit ihr/ihm umzugehen, wenn sie/er sich nicht daran hält, nicht zu lügen. Dein Wort sagt: »Wenn der Geist der Wahrheit kommt, wird er euch in alle Wahrheit leiten« (Johannes 16,13).

Wenn ihr mich liebt, werdet ihr meine Gebote halten. Und ich werde den Vater bitten, und er wird euch einen anderen Ratgeber geben, der euch nie verlassen wird. Es ist der Heilige Geist, der in alle Wahrheit führt. Die Welt kann ihn nicht empfangen, denn sie sucht ihn nicht und erkennt ihn nicht. Ihr aber kennt ihn, weil er bei euch bleibt und später in euch sein wird.

JOHANNES 14,15-17

Unser Kind von Gott heilen lassen

Herr, weil du uns in deinem Wort aufforderst, füreinander zu beten, sodass wir geheilt werden, bitte ich dich um Heilung und Unversehrtheit für (Name des Kindes). Lass Krankheit und Schwachheit sich in ihrem/seinem Leben nicht ausbreiten. Schütze sie/ihn vor jeglicher Krankheit, die sie/ihn befallen könnte. Dein Wort sagt: »Er sprach ein Wort, und sie wurden gesund; so rettete er sie an der Schwelle des Todes« (Psalm 107,20). Wo auch immer Krankheit oder Schwachheit in ihrem/seinem Körper ist, bitte ich dich, Herr, dass du sie/ihn mit deiner heilenden Kraft anrührst und ihr/ihm völlige Gesundheit schenkst.

Bekennt einander eure Schuld und betet füreinander, damit ihr geheilt werdet. Das Gebet eines gerechten Menschen hat große Macht und kann viel bewirken.

Jakobus 5,16

Unser Kind von Gott heilen lassen

Herr, ich bitte dich, dass du (Name des Kindes) von jeder Zerstörung, Krankheit oder Verletzung befreist, die über sie/ihn kommen könnte. Besonders bitte ich dich, (nennen Sie ein spezielles Problem) zu heilen. Falls wir einen Arzt aufsuchen müssen, bitte ich dich, Herr, dass du uns zeigst, zu welchem Arzt wir fahren sollen. Gib dem Arzt Weisheit und die nötigen Kenntnisse über die beste Vorgehensweise. Danke, Herr, dass du für uns gelitten hast und gestorben bist, damit wir geheilt werden. Ich möchte dieses Erbe der Heilung beanspruchen, das du in deinem Wort verheißen und für die bereitgestellt hast, die an dich glauben. Ich erwarte deshalb von dir lebenslange Gesundheit, Heilung und Unversehrtheit für unser Kind.

Für euch aber, die ihr meinen Namen achtet, wird die Sonne aufgehen, und ihre Strahlen werden Heilung bringen.

MALEACHI 3,20

330

Auf den Körper und Gesundheit achten

Herr, ich bringe (Name des Kindes) vor dich und bitte dich, dass du in sie/ihn das Verlangen legst, sich gesund zu ernähren. Hilf ihr/ihm zu erkennen, was gut für sie/ihn ist und was nicht. Ich bitte dich, dass sie/er von falschen Essgewohnheiten aller Art verschont bleibt. Außer dem Wunsch, sich angemessen zu ernähren, gib ihr/ihm die Motivation, regelmäßig Sport zu treiben und viel Wasser zu trinken. Hilf ihr/ihm, Stress in ihrem/seinem Leben durch einen von deinem Wort geprägten Lebensstil zu beherrschen und zu bewältigen. Herr, dein Wort sagt: »Ihr werdet die Wahrheit erkennen, und die Wahrheit wird euch frei machen« (Johannes 8,32). Hilf ihr/ihm, die Wahrheit zu erkennen, wie sie/er ihr/sein Leben führen soll, damit sie/er alle ungesunden Gewohnheiten aufgeben kann.

Was immer ihr esst oder trinkt oder tut, das tut zur Ehre Gottes!

1. Korinther 10,31

331

Auf den Körper und Gesundheit achten

Herr, ich bitte dich, dass du (Name des Kindes) eine Sicht dafür gibst, dass ihr/sein Körper der Tempel deines Heiligen Geistes ist. Lass sie/ihn ihren/seinen Körper, den du ihr/ihm gegeben hast, achten. Wecke in ihr/ihm das Verlangen, sich angemessen um ihren/seinen Körper zu kümmern. Schenke, dass sie/er nicht zu kritisch mit sich ist und dass sie/er sich nicht nach der öffentlichen Meinung und Akzeptanz beurteilt. Ich bitte dich, dass sie/er nicht auf Meinungen von Modezeitschriften, Fernsehen oder Kino hereinfällt, die versuchen ihr/ihm weiszumachen, wie sie/er auszusehen hat. Hilf ihr/ihm zu erkennen, dass es der Heilige Geist ist, der in ihr/ihm lebt und aus ihr/ihm herausstrahlt, der einen Menschen wirklich attraktiv macht. Lass sie/ihn verstehen, dass wahre Attraktivität im Herzen eines Menschen beginnt, der Gott liebt.

Weil Gott so barmherzig ist, fordere ich euch nun auf, liebe Brüder, euch mit eurem ganzen Leben für Gott einzusetzen. Es soll ein lebendiges und heiliges Opfer sein – ein Opfer, an dem Gott Freude hat. Das ist ein Gottesdienst, wie er sein soll.

Römer 12,1

332

Bereit sein, Neues zu lernen

Herr, ich bitte dich, dass (Name des Kindes) eine tiefe Ehrfurcht vor dir und deinen Wegen hat. Hilf ihr/ihm, dass sie/er dein Wort wie einen Schatz in ihrem/seinem Herzen bewahrt. Schenke ihr/ihm das Verlangen, dein Wort verstehen zu wollen. Gib ihr/ihm ein gutes Herz, einen gelehrigen Geist und die Fähigkeit zu lernen. Lege in sie/ihn das Verlangen, Kenntnisse und Fertigkeiten zu erlangen, und lass sie/ihn Freude daran haben, Fortschritte zu machen. Vor allem bitte ich darum, dass du sie/ihn unterrichtest, denn dein Wort sagt, dass unseren Kindern Frieden garantiert ist, wenn sie von dir gelehrt werden. Du hast auch gesagt: »Die Ehrfurcht vor dem Herrn ist der Anfang der Erkenntnis. Nur Narren verachten Weisheit und Selbstbeherrschung« (Sprüche 1,7). Lass sie/ihn nie ein Narr sein und sich vom Lernen abwenden, sondern sich vielmehr an dich wenden, um zu erkennen, was sie/er braucht.

Alle deine Bewohner werden Schüler des Herrn sein und in großer Zufriedenheit leben.

Jesaja 54,13

333

Bereit sein, Neues zu lernen

Herr, ich bitte dich, dass (Name des Kindes) die Weisheit von uns als ihren/seinen Eltern respektiert und sich gerne etwas von uns sagen lässt. Schenke ihr/ihm Lehrer, die an dich glauben und von denen sie/er gut lernen kann. Lass sie/ihn Gefallen finden in den Augen ihrer/seiner Lehrer und sich gut mit ihnen verstehen. Hilf ihr/ihm, in der Schule hervorragende Leistungen zu bringen und in allen Fächern gut zurechtzukommen. Gib, dass sie/er gerne und leicht lernt und dass sie/er sich nicht ständig anstrengen und abmühen muss. Schenke ihr/ihm klare Gedanken, Organisationsfähigkeit, ein gutes Gedächtnis und eine hohe Lernfähigkeit. Ich wünsche ihr/ihm, wie du es in deinem Wort gesagt hast, dass du ihr/ihm in allen Dingen Verständnis gibst (2. Timotheus 2,7).

Richte dich nach meinen Weisungen und vergiss sie nicht. Achte sie, denn sie bewahren dein Leben.

Sprüche 4,13

334

Gaben und Talente entdecken

Herr, ich danke dir für die Gaben und Talente, die du in (Name des Kindes) hineingelegt hast. Ich bitte dich, dass du sie in ihr/ihm weiterentwickelst und sie zu deiner Ehre gebrauchst. Dein Wort sagt: »Gott ist gnädig und hat uns unterschiedliche Gaben geschenkt« (Römer 12,6). Wenn sie/er nun die von dir gegebenen Talente und Fähigkeiten erkennt, lass sie/ihn sich nicht durch Gefühle von Unzulänglichkeit, Angst oder Unsicherheit davon abhalten, sie nach deinem Willen zu gebrauchen. Lass sie/ihn deine Berufung für ihr/sein Leben erkennen, sodass sie/er nicht ihr/sein Leben lang auf der Suche danach ist oder sie gar verpasst.

Alles, was gut und vollkommen ist, wird uns von oben geschenkt, von Gott, der alle Lichter des Himmels erschuf. Anders als sie ändert er sich nicht, noch wechselt er zwischen Licht und Finsternis.

Jakobus 1,17

335

Gaben und Talente entdecken

Herr, ich bitte dich, dass du (Name des Kindes) zeigst, was ihre/seine Lebensaufgabe sein soll und dass du ihr/ihm hilfst, diese gut auszuführen. Segne das Werk ihrer/seiner Hände und lass sie/ihn einen guten Lebensunterhalt verdienen durch die Arbeit, die sie/er gerne und am besten tun kann. Lass ihr/sein Talent nie durch Mittelmäßigkeit vergeudet oder dafür eingesetzt werden, etwas oder jemand anderen als dich zu ehren, Herr. Schenke, das alles, was sie/er tut, anderen Menschen gefällt, wohlwollend aufgenommen und respektiert wird. Am meisten bitte ich dich darum, dass die Gaben und Talente, die du in sie/ihn hineingelegt hast, genutzt werden können, um dich über alle Maßen zu verherrlichen.

Ich kann gar nicht aufhören, Gott für die Gnade zu danken, die euch durch Jesus Christus gegeben ist. Durch ihn seid ihr in allem reich beschenkt – in aller Lehre und in aller Erkenntnis. Die Botschaft von Christus ist zur Kraft in eurem Leben geworden, sodass ihr mit allen geistlichen Gaben gesegnet seid, während ihr sehnsüchtig auf die Rückkehr von Jesus Christus, unserem Herrn, wartet.

1. Korinther 1,4-7

Einen guten Umgang mit Worten lernen

Herr, ich bitte dich, dass (Name des Kindes) sich entscheidet, eine Sprache zu sprechen, die dich ehrt. Fülle ihr/sein Herz mit deinem Geist und deiner Wahrheit, sodass ihre/seine Sprache von Worten des Lebens geprägt ist. Ich bitte dich, dass du sie/ihn davor bewahrst, eine obszöne oder verdorbene Sprache zu lernen und zu gebrauchen. Hilf ihr/ihm, sich selbst zu hören, damit die Worte nicht vorschnell und unbedacht gesprochen werden. Ich bitte dich, dass er/sie durch ihre/seine Worte gerettet und nicht gerichtet wird (Matthäus 12,37).

Ein guter Mensch spricht gute Worte aus einem guten Herzen, und ein böser Mensch spricht böse Worte aus einem bösen Herzen.

Matthäus 12,35

337

Einen guten Umgang mit Worten lernen

Herr, ich bitte dich, dass du (Name des Kindes) davor bewahrst, durch die Worte ihres/seines Mundes in eine Falle zu geraten. Du hast versprochen, dass, wer seinen Mund und seine Zunge im Zaum hält, nicht in Schwierigkeiten gerät (Sprüche 21,23). Hilf ihr/ihm, sich zurückzuhalten. Dein Wort sagt: »Wer gern redet, muss die Folgen tragen, denn die Zunge kann töten oder Leben spenden« (Sprüche 18,21). Lass ihre/seine Sprache Leben und nicht Tod bringen. Schenke, dass sie/er schnell zum Hören und langsam zum Reden ist und dass ihre/seine Rede immer von Gnade geprägt ist. Lass sie/ihn wissen, wie, was und wann sie/er mit jemandem in einer Situation reden soll.

Herr, lass dir die Worte meines Mundes und die Gedanken meines Herzens gefallen! Herr, mein Fels und mein Erlöser.

Psalm 19,15

338

Nach Heiligkeit und Reinheit streben

Herr, ich bitte dich, dass du (Name des Kindes) mit einer Liebe zu dir erfüllst, die ihre/seine Liebe für etwas oder jemanden übertrifft. Hilf ihr/ihm, deine Gebote zu respektieren und zu ehren und zu verstehen, dass sie zu ihrem/seinem Besten da sind. Lass dein Wort in ihrem/seinem Herzen verwurzelt sein, sodass Sünde keine Chance mehr hat. Ich bitte dich, dass sie/er sich vom Bösen, von Unreinheit und gottlosen Gedanken, Worten und Taten fernhält. Schenke, dass sie/er stattdessen von allem, was rein und heilig ist, angezogen wird. Lass Christus in ihr/ihm Gestalt gewinnen und bringe sie/ihn dazu, die Kraft des Heiligen Geistes zu suchen, sodass sie/er tun kann, was recht ist.

In einem wohlhabenden Haus gibt es Gefäße aus Gold und Silber und andere aus Holz und Ton. Die teuren Gefäße werden für besondere Anlässe benutzt, die preiswerten dagegen für das tägliche Leben. Wer sich von solchen Menschen fernhält, wird wie eins der teuren Gefäße sein: rein, nützlich für den Hausherrn, geeignet für alles, was gut ist.

2. Timotheus 2,20-21

339

Nach Heiligkeit und Reinheit streben

Herr, du hast gesagt: »Gott segnet die, die ein reines Herz haben, denn sie werden Gott sehen« (Matthäus 5,8). Lass die Sehnsucht nach Heiligkeit, die aus einem reinen Herzen kommt, sich in all dem Tun unseres Kindes widerspiegeln. Ich bitte dich, dass ihre/seine Kleidung, ihre/seine Art sich zu frisieren und ihren/seinen Körper bzw. ihr/sein Gesicht zu schmücken Ehrfurcht vor dir ausdrücken und den Wunsch, dich zu ehren, Herr. Lass sie/ihn verstehen, dass ein Leben in Reinheit ihr/ihm Unversehrtheit und Segen beschert und dass die größte Belohnung dafür ist, dass sie/er dich sehen wird.

Wer darf den Berg des Herrn besteigen und wer an seinem heiligen Ort stehen? Nur die Menschen, deren Hände und Herzen rein sind, die keine Götzen anbeten und keinen falschen Eid schwören. Sie empfangen den Segen des Herrn und Gerechtigkeit von Gott, ihrem Retter.

Psalm 24,3-5

340

Für das Zimmer unseres Kindes beten

Herr, ich lade deinen Heiligen Geist ein, in dem Zimmer zu wohnen, das (Name des Kindes) gehört. Du bist der Herr über Himmel und Erde, und ich weiß, dass du auch Herr über dieses Zimmer bist. Durchflute es mit deinem Licht und Leben. Vertreibe jede Finsternis, die versucht, sich hier hineinzudrängen, und lass nicht zu, dass Furcht, Depression, Zorn, Zweifel, Sorgen, Rebellion oder Hass (nennen Sie alles, was Sie im Verhalten Ihres Kindes entdeckt haben) hier Raum haben. Ich bitte dich, dass nichts in ihr/sein Zimmer kommt, was nicht von dir ist, Herr. Wenn es etwas gibt, das nicht hier sein sollte, dann zeige es mir, damit es entfernt werden kann. Schenke unserem Kind die Fähigkeit zu erkennen, was du nicht gut findest.

Nehmt auf keinen Fall einen dieser Gegenstände, die er verabscheut, in eure Häuser, damit ihr nicht wie sie vernichtet werdet. Verabscheut diese Dinge von ganzem Herzen, denn sie sind zur Vernichtung bestimmt.

5. Mose 7,26

341

Für das Zimmer unseres Kindes beten

Herr, ich bitte dich, dass du das Zimmer beschützt, das (Name des Kindes) gehört, damit das Böse hier keine Chance hat. Erfülle ihr/sein Zimmer mit deiner Liebe, deinem Frieden und deiner Freude. Ich bitte dich, dass sie/er wie David sagen kann: »In meinem Haus will ich ein tadelloses Leben führen. Böses und Gemeines will ich nicht einmal ansehen« (Psalm 101,2-3). Herr, mache dieses Zimmer zu einem heiligen Ort, das dich ehrt. Schenke, dass sie/er das Folgende auch möchte: Wir wollen »uns von allem reinigen, was unserem Körper oder unserem Geist schaden könnte. Denn wir fürchten Gott; deshalb streben wir nach einem geheiligten Leben« (2. Korinther 7,1). Herr, du hast gesagt: »Der Fluch des Herrn liegt auf dem Haus des Gottlosen, aber die Wohnung des gerechten Menschen segnet er« (Sprüche 3,33). Segne das Zimmer unseres Kindes.

Wascht euch, reinigt euch! Schafft mir eure bösen Taten aus den Augen. Hört auf, Schlechtes zu tun und lernt, Gutes zu tun.

Jesaja 1,16

342

In Freiheit leben

Herr, dein Wort sagt: »Ich betete zum Herrn, und er antwortete mir und befreite mich von allen meinen Ängsten« (Psalm 34,5). Ich suche deine Nähe heute in dem Vertrauen darauf, dass du mich hörst, und ich bitte dich, dass du (Name des Kindes) von jeder Angst befreist, die sie/ihn zu überwältigen droht. Du hast gesagt, dass du uns nicht den Geist der Furcht gegeben hast, sondern der Kraft, der Liebe und der Besonnenheit (2. Timotheus 1,7). Durchflute sie/ihn mit deiner Liebe und wasche alle Furcht und allen Zweifel weg. Gib ihr/ihm ein Gespür für deine liebende Gegenwart, die stärker ist als jede Furcht, die sie/ihn überkommen könnte. Hilf ihr/ihm, sich so sehr auf deine Kraft zu verlassen, dass sie/er ein starkes Vertrauen und einen starken Glauben an dich bekommt.

Fürchte dich nicht, denn ich bin bei dir. Sieh dich nicht ängstlich nach Hilfe um, denn ich bin dein Gott: Meine Entscheidung für dich steht fest, ich helfe dir. Ich unterstütze dich, indem ich mit meiner siegreichen Hand Gerechtigkeit übe.

Jesaja 41,10

343

In Freiheit leben

Herr, in deinem Wort heißt es: »Unsere Liebe kennt keine Angst, weil die vollkommene Liebe alle Angst vertreibt. Wer noch Angst hat, rechnet mit Strafe« (1. Johannes 4,18). Ich bitte dich, dass deine vollkommene Liebe (Name des Kindes) umgibt und ihr/ihm Frieden schenkt. Wenn es eine wirkliche Gefahr oder einen guten Grund gibt, sich zu fürchten, schenke ihr/ihm Weisheit. Schütze du sie/ihn und zieh sie/ihn näher zu dir. Hilf ihr/ihm, ihre/seine Angst nicht zu leugnen, sondern sie im Gebet vor dich zu bringen und Befreiung von der Furcht zu suchen. Ich bitte dich, dass deine Liebe ihr/sein Leben durchdringt und alle Angst in dem Maße austreibt, wie sehr sie/er deine Nähe sucht. Pflanze dein Wort in ihr/sein Herz. Lass Vertrauen in ihrem/seinem Verstand und in ihrer/seiner Seele Wurzeln schlagen, während sie/er in deinem Wort wächst. Danke, Herr, für dein Versprechen, uns von all unserer Angst zu befreien. In Jesu Namen bitte ich dich heute, unser Kind von Furcht zu befreien.

Der Herr ist mein Licht und mein Heil – vor wem sollte ich mich fürchten? Der Herr beschützt mich vor Gefahr – vor wem sollte ich erschrecken?

Psalm 27,1

344

Bitte um einen wachen Geist

Herr, danke, dass du uns einen wachen Geist verheißen hast. Ich beanspruche dieses Versprechen für (Name des Kindes). Ich bitte dich, dass ihr/sein Geist klar, wachsam, lebhaft, intelligent, stabil, voller Frieden und nicht überlastet sein kann. Lass es keine Verwirrung und Teilnahmslosigkeit und kein einseitiges, ungeordnetes oder negatives Denken bei ihr/ihm geben. Ich bitte dich, dass ihr/sein Geist nicht mit komplizierten oder verwirrenden Gedanken gefüllt wird. Gib ihr/ihm vielmehr einen klaren Geist, damit sie/er jederzeit in der Lage ist, geradlinig zu denken. Schenke ihr/ihm die Fähigkeit, klare Entscheidungen zu fällen, alles zu verstehen, was sie/er wissen muss, und sich auf das konzentrieren zu können, was sie/er tun muss. Wo zurzeit mentale Probleme sind, spreche ich in Jesu Namen Heilung aus.

Denn Gott hat uns nicht einen Geist der Furcht gegeben, sondern einen Geist der Kraft, der Liebe und der Besonnenheit.

2. Timotheus 1,7

345

Bitte um einen wachen Geist

Herr, ich bitte dich, dass (Name des Kindes) dich so hingegeben mit ihrem/seinem Herzen, mit ihrer/seiner Seele und mit ihrem/seinem Verstand liebt, dass kein Raum in ihr/ihm mehr übrig ist für die Lügen des Satans oder den Lärm der Welt. Lass dein Wort in ihrem/seinem Herzen Wurzeln schlagen und ihr/sein Denken mit Dingen füllen, die wahr, anständig, gerecht, rein, liebenswert und bewunderungswürdig sind und die Auszeichnung und Lob verdienen (Philipper 4,8). Hilf ihr/ihm zu verstehen, dass das, was in ihr/sein Denken hineinkommt, ein Teil von ihr/ihm wird, damit sie/er sorgfältig prüft, was sie/er sieht und hört. Ich bitte dich, dass ihr/sein Glaube an dich und dein Wort täglich zunimmt und dass sie/er so in ständigem Frieden und seelischem Gleichgewicht ihr/sein Leben führen kann.

Wenn du dich von deiner menschlichen Natur bestimmen lässt, führt das zum Tod. Doch wenn der Heilige Geist dich bestimmt, bedeutet das Leben und Frieden.

Römer 8,6

346

Sich an Gott freuen

Herr, ich bitte dich, dass (Name des Kindes) die Gabe der Freude gegeben wird. Lass den Geist der Freude heute in ihrem/seinem Herzen aufgehen und sie/ihn die Fülle von Freude kennenlernen, die man nur in deiner Gegenwart finden kann. Hilf ihr/ihm zu verstehen, dass man wahres Glück und wahre Freude nur bei dir findet. Wenn sie/er manchmal von negativen Gefühlen überwältigt wird, umgib sie/ihn mit deiner Liebe. Lehre sie/ihn zu sagen: »Dies ist der Tag, den der Herr gemacht hat. Lasst uns jubeln und fröhlich sein« (Psalm 118,24). Befreie sie/ihn von Verzweiflung, Depression, Einsamkeit, Entmutigung, Zorn oder Ablehnung. Lass diese negativen Einstellungen keinen Raum bei (Name des Kindes) haben und auch keinen dauerhaften Anteil an ihrem/seinem Leben.

Wenn ihr mir gehorcht, bleibt ihr in meiner Liebe, genauso wie ich meinem Vater gehorche und in seiner Liebe bleibe. Ich sage euch das, damit meine Freude euch erfüllt. Ja, eure Freude soll vollkommen sein!

JOHANNES 15,10-11

347

Sich an Gott freuen

Herr, ich bitte dich, dass du dein Wort dauerhaft in (Name des Kindes) einpflanzt. Lass es beständig in ihrem/seinem Herzen sein und lass ihren/seinen Glauben täglich wachsen. Ich weiß, Herr, dass alle negativen Gefühle, die unser Kind hat, Lügen sind und damit der Wahrheit deines Wortes entgegengesetzt sind. Du hast sie/ihn dazu geschaffen, sich an dir zu erfreuen und sich über nichts Sorgen zu machen. Lass sie/ihn in ihrem/seinem Herzen beschließen: »Dann will ich mich im Herrn freuen und will froh sein, weil er mich rettet« (Psalm 35,9). Ich bitte dich, dass du, der Gott der Hoffnung, sie/ihn in ihrem/seinem Glauben mit Freude und Frieden erfüllst, sodass ihre/seine Hoffnung immer größer wird durch die Kraft des Heiligen Geistes (Römer 15,13). Lass sie/ihn in deiner Liebe bleiben und Kraft bekommen durch die Freude, dich heute und für immer zu kennen.

Du wirst mir den Weg zum Leben zeigen und mir die Freude deiner Gegenwart schenken. Aus deiner Hand kommt mir ewiges Glück.

Psalm 16,11

348

Sich von der Vergangenheit lösen

Herr, du hast in deinem Wort gesagt: »Gute Menschen hinterlassen ihren Nachkommen ein Erbe« (Sprüche 13,22). Ich bitte dich, dass das Erbe für unser Kind der Lohn eines gottesfürchtigen Lebens und eines reinen Herzens vor dir sein kann. Damit dies auch tatsächlich geschehen kann, bitte ich dich, dass du mich jetzt im Namen Jesu von jeder Gebundenheit befreist, die ich von meiner Familie geerbt habe und mit der ich lebe. Ich bekenne dir die Sünden meiner Familie. Ich weiß zwar nicht, welche das genau sind, aber ich weiß, dass du sie kennst. Ich bitte um Vergebung und Wiedergutmachung. Ebenso bekenne ich dir meine eigenen Sünden und bitte dich um Vergebung. Ich weiß, dass dein Wort sagt: »Doch wenn wir ihm unsere Sünden bekennen, ist er treu und gerecht, dass er uns vergibt und uns von allem Bösen reinigt« (1. Johannes 1,9). Ich bitte dich, dass keine Folgen meiner Sünden auf mein Kind übertragen werden.

Das bedeutet aber, wer mit Christus lebt, wird ein neuer Mensch. Er ist nicht mehr derselbe, denn sein altes Leben ist vorbei. Ein neues Leben hat begonnen!

2. Korinther 5,17

349

Sich von der Vergangenheit lösen

Herr, ich bitte dich, dass kein Werk Satans, das er in der Vergangenheit in meiner Familie getan hat, heute noch das Leben unseres Kindes beeinflussen kann. Besonders bitte ich dich für (nennen Sie etwas, was Sie bei sich oder Ihrer Familie festgestellt haben, das nicht an Ihr Kind weitergegeben werden soll). Was auch immer nicht dein Wille für unser Leben ist, weise ich als Sünde von mir. Danke, Jesus, dass du gekommen bist, um uns von der Vergangenheit zu lösen. Wir möchten nicht an sie gebunden bleiben. Ich bitte dich, dass unsere Tochter/unser Sohn keinerlei Gebundenheit von ihrer/seiner irdischen Familie erbt, sondern dass sie/er dein Reich erbt, das seit der Erschaffung der Welt auf sie/ihn wartet (Matthäus 25,34). Danke, Jesus, dass durch dich das Alte vergangen und alles neu ist.

So hat uns Christus also wirklich befreit. Sorgt nun dafür, dass ihr frei bleibt und lasst euch nicht wieder unter das Gesetz versklaven.

Galater 5,1

350

Alkohohl, Drogen und andere Süchte vermeiden

Herr, ich bitte dich, dass du (Name des Kindes) vor jeder Art von Sucht bewahrst – besonders vor Alkohol- oder Drogensucht. Lass sie/ihn stark in dir werden, zieh sie/ihn in deine Nähe und mach sie/ihn bereit, dir die Kontrolle über ihr/sein Leben anzuvertrauen. Sprich zu ihrem/seinem Herzen und zeig ihr/ihm den Weg, den sie/er gehen soll. Hilf ihr/ihm zu erkennen, dass es ein Teil ihres/seines Gottesdienstes ist, wenn sie/er ihren/seinen Körper vor Dingen schützt, die ihn zerstören. Herr, du hast gesagt: »Wenn ihr euch weiter von ihm bestimmen lasst, werdet ihr sterben. Wenn ihr euch aber durch die Kraft des Heiligen Geistes von eurem alten Wesen und den bösen Taten abwendet, werdet ihr leben« (Römer 8,13). Zeige ihr/ihm, was es heißt, nach dem Geist und nicht nach dem Fleisch zu leben.

Heute stelle ich euch vor die Wahl zwischen Leben und Tod, zwischen Segen und Fluch. Der Himmel und die Erde sind meine Zeugen. Wählt doch das Leben, damit ihr und eure Nachkommen am Leben bleiben!

5. Mose 30,19

Alkohol, Drogen und andere Süchte vermeiden

Herr, ich bitte dich, dass du alle Pläne Satans, das Leben unseres Kindes durch Alkohol und Drogen zu zerstören, durchkreuzt. Nimm alles aus ihrer/seiner Persönlichkeit heraus, was sie/ihn zu solchen Dingen hinzieht. Dein Wort sagt: »Der Mensch hält einen Weg für richtig, und dennoch führt er in den Tod« (Sprüche 16,25). Gib ihr/ihm das nötige Urteilsvermögen und die Kraft, Nein sagen zu können zu negativen Dingen und Ja zu den Dingen, die mit dir zu tun haben und Leben bringen. Lass sie/ihn die Wahrheit deutlich erkennen, wenn sie/er versucht wird, und befreie sie/ihn von dem Bösen, wenn sie/er in eine Falle geraten ist. Hilf ihr/ihm bei allem, was sie/er tut, das Leben zu wählen, und lass sie/ihn nur von den Dingen abhängig sein, die mit dir zu tun haben. In Jesu Namen bitte ich dich, dass alles, was sie/er mit ihrem/seinem Körper tut, zu deiner Ehre geschieht.

Die Gerechtigkeit rettet die Rechtschaffenen, die Betrüger aber bringt ihr eigener Ehrgeiz zu Fall.

Sprüche 11,6

352

Sich vor sexuellen Begierden schützen

Herr, ich bitte dich, dass du (Name des Kindes) ihr/sein Leben lang in sexueller Hinsicht rein erhältst. Gib ihr/ihm ein Herz, das das Richtige auf diesem Gebiet tun will. Lass Reinheit in ihrer/seiner Persönlichkeit Wurzeln schlagen und ihre/seine Handlungen bestimmen. Öffne ihre/seine Augen für die Wahrheit deines Wortes, und hilf ihr/ihm zu erkennen, dass außereheliche Sex niemals der hingegebenen, dauerhaften und bedingungslosen Liebe gleichzusetzen ist, die sie/er braucht. Lass ihre/seine Persönlichkeit frei von Narben sein und auch ihre/seine Gefühle nicht durch Verletzungen der Seele beschädigt werden, die sexuelle Unmoral verursachen. Immer, wenn sie/er in deinen Augen zu weit geht, lass den Heiligen Geist in ihr/ihm Alarm schlagen.

Gott möchte, dass ihr heilig seid; deshalb sollt ihr nicht unzüchtig leben.

1. Thessalonicher 4,3

353

Sich vor sexuellen Begierden schützen

Herr, ich bitte dich, dass du deutlich zu (Name des Kindes) sprichst, wenn sie/er in Versuchung ist, etwas zu tun, was sie/er nicht tun sollte. Stärke ihre/seine Beziehung zu dir, damit sie/er zu dem stehen kann, was recht ist. Hilf ihr/ihm, der Versuchung zu widerstehen und Nein zu sagen zu sexueller Unmoral. Ich bitte dich, dass sie/er keinen vorehelichen Geschlechtsverkehr hat und mit niemandem sonst als ihrem/seinem Ehepartner Sex hat. Ich bitte dich, dass gleichgeschlechtliche Liebe keine Chance bei ihr/ihm hat. Schütze sie/ihn vor jeglicher sexueller Belästigung. Hilf ihr/ihm mit deiner Gnade, sich ihr/sein Leben lang der Reinheit verpflichtet zu fühlen.

Gott segnet denjenigen, der die Prüfungen des Glaubens geduldig erträgt. Wenn er sich bewährt hat, wird er das ewige Leben empfangen, das Gott denen versprochen hat, die ihn lieben.

JAKOBUS 1,12

354

Den richtigen Partner finden

Herr, ich bitte dich, dass du (Name des Kindes) den richtigen Ehepartner zeigst, es sei denn, dass es dein Plan für sie/ihn ist, Single zu bleiben. Schicke den richtigen Ehemann/die richtige Ehefrau zur richtigen Zeit, und zeige ihr/ihm deutlich, wer es ist. Ich bitte dich, dass unsere Tochter/unser Sohn hingegeben genug ist, um deine Stimme zu hören, wenn die Zeit gekommen ist, eine Heiratsentscheidung zu treffen. Lass sie/ihn diese Entscheidung auf der Basis deines Redens treffen und sich nicht nur von ihren/seinen eigenen Wünschen leiten lassen. Ich bitte dich, dass sie/er sich mit ihrem/seinem ganzen Herzen auf dich verlässt und sich nicht auf ihren/seinen Verstand verlässt, sondern dass sie/er an dich denkt in allen ihren/seinen Wegen; dann wirst du ihr/ihm den richtigen Weg zeigen (Sprüche 3,5-6). Lass sie/ihn einen wunderbaren Lebenspartner finden.

Wer sich von seiner Frau scheiden lässt und eine andere heiratet, begeht Ehebruch.

MARKUS 10,11

355

Den richtigen Partner finden

Herr, ich bitte dich, dass du die Person vorbereitest, die der richtige Ehemann/die richtige Ehefrau für (Name des Kindes) werden wird. Hilf ihr/ihm, den Unterschied zu erkennen zwischen dem Verliebtsein und der Gewissheit, dass dies die Person ist, mit der sie/er nach deinem Willen den Rest ihres/seines Lebens verbringen darf. Wenn sie/er sich von jemandem angezogen fühlt, den sie/er nicht heiraten sollte, bitte ich dich, dass du die Beziehung beendest, Herr. Ich bitte dich, dass sie/er einen gottesfürchtigen und hingegebenen Diener Jesu heiratet, der dich liebt und nach deinem Willen lebt. Lass sie/ihn für alle anderen Familienmitglieder ein Segen werden. Schenke, dass sie alle Tage ihres Lebens treu zueinanderstehen, Anteil nehmen, rücksichtsvoll und empfindsam sind, einander achten, Zuneigung empfinden, vergeben können, einander unterstützen, sich umeinander kümmern und liebevoll miteinander umgehen.

Ein Mensch kann viele Pläne schmieden, doch der Wille des Herrn wird sich erfüllen.

Sprüche 19,21

356

Versöhnt leben

Herr, ich bitte dich, dass du (Name des Kindes) hilfst, in anhaltender Versöhnung zu leben. Zeige ihr/ihm, was es dich gekostet hat, ihr/ihm zu vergeben, sodass sie/er anderen großzügig vergeben kann. Hilf ihr/ihm, deswegen zu vergeben, weil du es uns aufgetragen hast. Lass ihre/seine Entscheidung zu vergeben nicht von spontanen Gefühlen abhängig sein. Hilf ihr/ihm zu verstehen, dass Vergebung nicht die Handlungen der anderen Person rechtfertigt, sondern dass sie/er dadurch frei wird. Hilf ihr/ihm zu erkennen, dass nur du die ganze Geschichte über jeden von uns kennst und dass sie/er deswegen nicht das Recht hat zu richten. Lehre sie/ihn, die Vergangenheit an dich abzugeben, damit sie/er in allem, was du für sie/ihn vorgesehen hast, Fortschritte machen kann.

Befreit euch von Bitterkeit und Wut, von Ärger, harten Worten und übler Nachrede sowie jeder Art von Bosheit. Seid stattdessen freundlich und mitfühlend zueinander und vergebt euch gegenseitig, wie auch Gott euch durch Christus vergeben hat.

Epheser 4,31-32

357

Versöhnt leben

Herr, ich bitte dich, dass (Name des Kindes) niemals Gedanken von Groll, Bitterkeit, Ärger oder Unversöhnlichkeit einer Person gegenüber in ihrem/seinem Herzen hegt. Ich bitte dich auch, dass sie/er sich selbst Zeiten des Versagens vergibt. Lass sie/ihn niemals dir, Herr, für etwas die Schuld geben, was auf der Erde oder in ihrem/seinem Leben geschieht. Deinem Wort gemäß bitte ich, dass sie/er ihre/seine Feinde liebt und dass sie/er für die betet, die sie/ihn verfolgen, damit sie/er so handelt wie dein wahres Kind (Matthäus 5,44-45). In Jesu Namen bete ich dafür, dass sie/er in der völligen Vergebung lebt, die du ihr/ihm zugedacht hast, und in dem befreienden Gefühl, mit anderen versöhnt zu sein.

Doch wenn ihr betet, dann vergebt zuerst allen, gegen die ihr einen Groll hegt, damit euer Vater im Himmel euch eure Sünden auch vergeben kann.

Markus 11,25

Schuld bekennen und Buße tun

Herr, ich bitte dich, dass du (Name des Kindes) ein Herz schenkst, das immer schnell bereit ist, Fehler zuzugeben. Lass ihr/ihm die Fehler ehrlich leidtun, damit sie/er Vergebung erfahren und gereinigt werden kann. Hilf ihr/ihm zu verstehen, dass deine Gebote zu ihrem/seinem Nutzen sind und dass das Bekennen und Bereuen, das du erwartest, zu ihrem/seinem Lebensstil werden muss. Wecke in ihr/ihm den Wunsch, aufrichtig zu leben, und lass sie/ihn wie David sagen können: »Wasche mich rein von meiner Schuld und reinige mich von meiner Sünde. Gott, erschaffe in mir ein reines Herz und gib mir einen neuen, aufrichtigen Geist. Verstoße mich nicht aus deiner Gegenwart und nimm deinen Heiligen Geist nicht von mir. Lass mich durch deine Hilfe wieder Freude erfahren und mach mich bereit, dir zu gehorchen« (Psalm 51,4.12-14).

Wer seine Sünden verheimlicht, dem wird es nicht gut gehen. Aber wenn er sie bekennt und davon lässt, wird er Barmherzigkeit finden.

Sprüche 28,13

359

Schuld bekennen und Buße tun

Herr, ich bitte dich, dass du alle verborgenen Sünden bei (Name des Kindes) ans Licht bringst, damit sie bekannt, bereut und vergeben werden können. Schenke, dass unsere Tochter/unser Sohn niemals in der Lage ist, Sünde mit sich herumzutragen, sondern lass eine Sehnsucht entstehen, zu bekennen und zu sagen »Zeige mir, wenn ich auf falschen Wegen gehe, und führe mich den Weg zum ewigen Leben« (Psalm 139,24). Lass sie/ihn nicht in Schuld und Verdammnis leben, sondern mit einem reinen Gewissen in dem vollen Verständnis, dass sie/er mit Christus versöhnt ist. Ich bitte dich, dass sie/er immer auf dich schaut.

Liebe Freunde, wenn unser Gewissen rein ist, können wir mit Zuversicht und mutig vor Gott treten. Und wir werden von ihm bekommen, was immer wir erbitten, weil wir ihm gehorchen und tun, was ihm Freude macht.

1. JOHANNES 3,21-22

360

Der Gottlosigkeit keine Chance geben

Herr, ich komme zu dir im Namen von (Name des Kindes) und bitte dich, sie/ihn von aller Gottlosigkeit zu befreien, die eine unüberwindbare Mauer zu werden droht. Auch wenn ich nicht weiß, wovon sie/er befreit werden muss, du weißt es. Ich bitte dich im Namen Jesu, dass du Befreiung in ihr/sein Leben bringst, wo auch immer es nötig ist. Ich weiß, dass wir zwar Menschen sind, »doch wir kämpfen nicht mit menschlichen Mitteln. Wir setzen die mächtigen Waffen Gottes und keine weltlichen Waffen ein, um menschliche Gedankengebäude zu zerstören. Mit diesen Waffen zerschlagen wir all die hochtrabenden Argumente, die die Menschen davon abhalten, Gott zu erkennen« (2. Korinther 10,3-5). Ich brauche Weisheit von dir, Herr. Zeige mir alles, was ich in Bezug auf unsere Tochter/unseren Sohn sehen muss.

Doch fürchtet euch nicht vor denen, die euch bedrohen. Denn die Zeit kommt, in der die Wahrheit ans Licht kommt und alle Geheimnisse bekannt werden.

Matthäus 10,26

361

Der Gottlosigkeit keine Chance geben

Herr, ich lege (Name des Kindes) heute in deine Hände. Leite, schütze und weise sie/ihn zurecht, wenn Sünde versucht, sich einzunisten. Stärke sie/ihn, wenn der Satan versucht, in ihrem/seinem Herzen Fuß zu fassen. Mach sie/ihn sensibel für das Eindringen des Feindes in ihr Leben, und lass sie/ihn zu dir eilen als ihre/seine Festung und Zuflucht in Zeiten der Not. Gemäß deinem Wort weiß ich, dass du, Herr, sie/ihn vor jedem bösen Angriff retten und sie/ihn sicher in dein himmlisches Reich bringen wirst (2. Timotheus 4,18). Lass alles Verborgene ans Licht kommen. Wenn es an mir ist, etwas zu tun, dann bin ich darauf angewiesen, dass du es mir zeigst. Danke, dass du mir dabei hilfst, unser Kind großzuziehen.

Ich werde dir die Schlüssel zum Himmelreich geben. Was du auf der Erde bindest, wird auch im Himmel gebunden sein, und was du auf der Erde öffnest, wird auch im Himmel offen sein.

Matthäus 16,19

Gottes Weisheit und Einsicht suchen

Herr, ich bitte dich, dass du (Name des Kindes) die Gaben der Weisheit, Einsicht und Offenbarung gibst. Hilf ihr/ihm, dir von ganzem Herzen zu vertrauen und sich nicht auf ihren/seinen Verstand zu verlassen, sondern an dich zu denken bei allem, was sie/er tut, sodass du ihr/ihm den richtigen Weg zeigen kannst (Sprüche 3,5-6). Hilf ihr/ihm, Gutes von Bösem unterscheiden zu können und empfindsam zu sein für die Stimme des Heiligen Geistes, der sagt: »Das ist der richtige Weg; den geh!« (Jesaja 30,21). Ich weiß, dass ein großer Teil ihres/seines Glücks im Leben davon abhängt, Weisheit und Einsicht zu erlangen, von denen dein Wort sagt, dass sie langes Leben, Wohlstand, Anerkennung, Schutz, Freude, Zufriedenheit und Glück mit sich bringen. Lass ihr/ihm all dies durch deine Gabe der Weisheit zuteilwerden.

Ein weiser Sohn macht dem Vater Freude, aber ein unvernünftiger Sohn bereitet der Mutter Kummer.

Sprüche 10,1

363

Gottes Einsicht und Weisheit suchen

Herr, dein Wort sagt: »Die Ehrfurcht vor dem Herrn ist der Anfang der Weisheit. Gott, den Heiligen, zu erkennen führt zur Einsicht« (Sprüche 9,10). Lass eine gesunde Gottesfurcht und Gotteserkenntnis die Grundlage sein, auf der bei (Name des Kindes) Weisheit und Einsicht entstehen können. Hilf ihr/ihm, sich in allen Entscheidungsprozessen an dich zu wenden, dann wird sie/er keine schlechten Entscheidungen treffen. Hilf ihr/ihm zu verstehen, dass alle Schätze von Weisheit und Erkenntnis in dir verborgen sind und dass du sie großzügig gibst, wenn wir darum bitten. Wenn sie/er dich, Herr, um Weisheit und Einsicht bittet, schütte sie reichlich über ihr/ihm aus, sodass alle ihre/seine Wege von Frieden und Leben bestimmt sind.

Glücklich ist der Mensch, der Weisheit findet und Einsicht gewinnt! Denn der Nutzen der Weisheit ist größer als der Erwerb von Silber und ihr Gewinn ist wertvoller als Gold.

Sprüche 3,13-14

364

Im Glauben wachsen

Herr, du hast in deinem Wort gesagt, dass du einem jeden ein Maß des Glaubens ausgeteilt hast (Römer 12,3). Ich bitte dich, dass du den Glauben, den du in (Name des Kindes) gepflanzt hast, vermehrst. Lass die Wahrheit deines Wortes einen festen Platz in ihrem/seinem Herzen finden, sodass der Glaube täglich wächst und ihr/sein Leben steuert. Hilf ihr/ihm, sich jederzeit auf dich zu verlassen, wenn sie/er dich um Wahrheit, Führung und Umgestaltung in dein Ebenbild bittet. Lass ihren/seinen Glauben »das Vertrauen darauf [sein], dass das, was wir hoffen, sich erfüllen wird, und die Überzeugung, dass das, was man nicht sieht, existiert« (Hebräer 11,1). Ich bitte dich, dass ihr/sein Glaube stark genug ist, um sie/ihn über ihre/seine Lebensumstände und Begrenzungen hinauswachsen zu lassen und in ihr/ihm das Vertrauen und die Gewissheit zu bewirken, dass alles zum Besten dienen wird.

Hört auf meine Worte! Ihr könnt beten, worum ihr wollt – wenn ihr glaubt, werdet ihr es erhalten.

Markus 11,24

365

Im Glauben wachsen

Herr, ich bitte dich, dass (Name des Kindes) so stark im Glauben wird, dass ihre/seine Beziehung zu dir alles andere in ihrem/seinem Leben zurückdrängt – sogar unseren Einfluss als Eltern. Lass sie/ihn also eine Beziehung zu dir, Herr, haben, die wirklich ihre/seine eigene ist – und nicht eine Fortsetzung unserer Beziehung oder der einer anderen Person. Ich wünsche mir, dass ihr/sein Glaube fest und unerschütterlich bleibt und sie/er sich mit aller Kraft für dein Werk einsetzt (1. Korinther 15,58). Ich bitte dich, dass sie/er »den Glauben als einen Schutzschild« nimmt, »um die feurigen Pfeile des Satans abzuwehren« (Epheser 6,16).

Ich versichere euch: Wenn euer Glaube auch nur so groß wäre wie ein Senfkorn, könntet ihr zu diesem Berg sagen: ›Rücke dich von hier nach da‹, und er würde sich bewegen. Nichts wäre euch unmöglich.

Matthäus 17,20-21